KB069330

내 몸값
올리는
말하기
기술

내 몸값 올리는 말하기 기술

초 판 1쇄 2019년 07월 16일

지은이 박비주
펴낸이 류종렬

펴낸곳 미다스북스
총괄실장 명상완
책임편집 이다경
책임진행 박새연 김가영 신은서
본문교정 최은혜 강윤희 정은희

등록 2001년 3월 21일 제2001-000040호
주소 서울시 마포구 양화로 133 서교타워 711호
전화 02) 322-7802~3
팩스 02) 6007-1845
블로그 http://blog.naver.com/midasbooks
전자주소 midasbooks@hanmail.net
페이스북 https://www.facebook.com/midasbooks425

© 박비주, 미다스북스 2019, *Printed in Korea*.

ISBN 978-89-6637-692-6 03190

값 15,000원

미다스북스는 다음세대에게 필요한 지혜와 교양을 생각합니다.

내 **몸값** 올리는 **말하기 기술**

박비주 지음

미다스북스

몸값 올리는 스피치 기술, 4주만에 완성하라!

스피치 기술의 완성은 바로 통신 기술이 발달하는 흐름을 익히는 데서 출발한다. 스피치 기술은 통신 기술의 발달에 따라 변한다. 원시 시대의 사람들도 의사소통은 했다. 몸짓 언어에 불과했지만 도울 일은 도왔을 것이고, 기분 나빠서 싸우는 일도 있었을 것이다. 이후 우리에게는 체계화된 음성 언어가 생겼다. 음성 언어가 생기면서 기록물이 필요했고 숫자와 문자가 생기기 시작했다. 외부의 침략을 막기 위해 봉수나 파발 같은 수단을 썼다. 그렇게 외국과 교류하여 물자를 얻고 상업 통신을 이루며 국제 무역이 생겼다. 우편 제도도 빠르게 발전했다.

통신 기술의 발달은 가속도를 붙여 융합 시대를 만들었다. 정보 통신 기술은 컴퓨터와 접목되면서 눈에 보이지 않는 망을 통해 초고속으로 커뮤니케이션을 이루게 되었기 때문이다. 페이스북, 인스타그램, 카카오톡 등과 같은 SNS는 누구나 한다. 국적을 불문하고 빠르게 소통하는 시대다. 영상 통화를 눌러 몇 차례 신호음을 듣고 나면 얼굴을 보고 서로 안부를 물으며 이야기를 나눌 수 있다.

시간과 공간을 뛰어넘는 소통이 이뤄지는 오늘날에 말하기 기술은 더욱더 중요하다. 하지만 말하기 기술 책이 수없이 쏟아져 나오고 있다. 말하는 기술을 배워야 함을 잘 알기에 책을 사서 읽어봐도, 정작 말하기는 고쳐지지 않아 답답한 마음이 컸을 것이다.

스피치의 기술 또한 통신 기술과 같이 빠르게 익혀야만 한다. 그래서 이 책은 시대의 흐름에 맞춰 4주라는 짧은 기간에 마스터할 수 있는 효과적인 스피치 기술을 다루었다. 고퀄리티 고효율 스피치 기술로 빠르게 성장하고 인정받을 수 있는 내용이 담겨 있다. 또한 사회에서 당신의 몸값을 급격히 올릴 최고의 기술, 스피치의 포인트만 모았다.

말은 당신을 결정짓는다. 당신이 태어난 순간 어느 정도 정해져 있는 습성이나 환경에 따라 쌓여온 '말'로부터 벗어나기란 쉽지 않다. 하지만 사회에서 그런 '말'로는 인정받고 살아가기가 더 쉽지 않다.

이 책을 통해 당신이 스피치 기술을 이해하고 습득하면, 상대가 끌리는 완벽한 사람, 최고의 파트너, 인정받는 사람이 될 것이다. 이 책의 스피치 기술을 벤치마킹하라! 벤치마킹은 무엇인가? 당신은 벤치마킹을 베껴 쓰는 것으로 알고 있을 것이다. 그러나 벤치마킹을 단순히 베껴 쓰고 복제하고 모방하는 것으로 알고 실천한다면, 그것은 완벽한 벤치마킹이 아니다. 벤치마킹은 훔쳐와 완벽히 자기화시키는 것이다.

당신 몸값을 올릴 4주의 스피치 기술을 완벽하게 훔쳐라! 늘 힘들었던 인간관계, 소통 관계가 완벽하게 바뀔 것이다.

'도대체 저 사람은 어떻게 했길래 변한 걸까?'
'저 사람은 왜 저렇게 사람들에게 호감을 사는 것일까?'

상대에게 호감의 궁금증을 폭발시킬 것이다. 그리고 당신은 알게 될 것이다. 스피치의 기술이 어떻게 당신을 성장시키는지, 몸값 올리는 데 얼마나 큰 영향력을 행사하게 되는지!

더 이상 당신이 인간관계, 소통에서 더 이상 힘들어하지 않기를 바란다. 빠르게 흘러가는 통신 기술처럼, 당신의 스피치도 4주라는 아주 빠른 시간에 완성될 수 있다. 당신도 갈등 없는 소통 관계를 이루며 사회에서 인정받고, 치솟는 몸값으로 행복한 비명을 지르게 될 커뮤니케이션을 완성하길 바란다.

스피치의 기술만 바뀌어도 삶의 가치가 바뀐다. 삶의 가치가 바뀌면서 자연스레 당신의 몸값이 바뀐다. 시간은 흐르고 있고 기술의 발달은 더 빨라져가고 있다. 시간이 없다. 이제 당신의 몸값을 올릴 시간이다. 4주 스피치 기술을 완성하라! 분명히 당신 인생 최고의 몸값을 거둘 수 있는 날이 올 것이다. 나는 이 책이 당신의 인생에 실질적인 큰 도움을 선물하길 바란다. 그리고 오랜 시간 당신의 스피치 교과서로 남고 싶다.

끝으로 이 책을 펴내기까지 응원해주신 분들에게 감사의 인사를 전하고 싶다. 내 인생 나를 크게 성장시킨 한 사람, 나를 지지해주는 최고의 아군인 나의 남편에게 사랑과 감사의 인사말을 전한다. 나를 책임감 있고 단단하게 만들어주는 나의 이 씨 베이비들도 있다. 그리고 워킹맘으로 비운 자리를 늘 채워주시며 고생하고 계신 내 인생 최고의 사랑, 엄마 백영미 여사의 어릴 적 독서, 웅변, 일기 쓰기 교육이 빛을 발하여 이 책이 쓰여졌으므로, 엄마의 교육은 성공했다고 전하고 싶다. 내가 선택한 아버지, 묵묵히 뒤에서 며느리 지켜주시는 이재호 아버님 그리고 지영 형님, 정민 도련님에게도 이 책을 통해 나의 가족이 되어주셔서 감사하다고 전하고 싶다.

어릴 적 막내 비주를 돌봐준 친정 언니들 정은, 시윤, 희진, 친여동생처럼 챙겨주는 봉록 형부와 따뜻하게 항상 나를 도와주시고 위해주시는 시댁 고모님들을 비롯해 식구들에게 감사하다.

그리고 트윙클 컴퍼니를 빛나게 지켜주는 트윙클 가족 든든한 트벤져스 패밀리, 나에게 무한한 응원을 보내고 내 길을 축복해주며 내 곁에 있어주는 친구들까지 모두에게 감사하고 내 곁에 오랫동안 머물러달라고 말하고 싶다.

지금까지 감사와 사랑을 전한 그대들에게 나 또한 감사와 사랑으로 보답하며 오래 머물겠다는 말과 함께 이 글을 마친다.

2019년 푸름이 우거진 7월

박비주

목차

– 에필로그 –

인생을 바꾸는 스피치의 힘!

1장

말하기가
어려운 당신에게

01

당신의 스피치는
안녕한가요?

"당신의 스피치는 안녕하신가요?"

학생들에게 하는 나의 인사이다.

"잘 지내셨어요?"

"안녕하셨어요?"

"식사는 챙기셨나요?"

이런 말처럼 안부를 묻듯 나는 학생들에게 스피치의 안부를 묻는다.

그러면 대답으로 "네! 제 스피치 안녕합니다!"라고 말하는 학생은 10명 중 2명이다. 대부분이 "아니요. 안녕하지 못해요." 하며 말끝을 흐린다. 머리를 긁적이거나 귀엽게 웃으며 여러 가지로 안녕하지 못함을 표현한다. 사람들은 살아가면서 꼭 필요한 의식주에 대해서만 서로의 안녕을 묻는다. 의식주에 관련된 인사는 아침, 점심, 저녁 다 다르게 만들어져 있다. 사람이 살아가면서 먹을 것, 입을 것, 지낼 곳이 있어야 하므로 정말 중요한 일이다.

그러나 말 또한 굉장히 중요하다. 말로 천 냥 빚을 갚기도 하고 말로 인생이 꼬이기도 한다. 말도 굉장히 우리 인생에 중요한 부분을 차지하는데 왜 스피치에 대한 인사는 없는 것일까? 그래서 나는 상대에게 스피치의 안부를 묻는다.

4차 산업 혁명의 시대에 스피치는 선택이 아니다. 필수다. 지금까지 스피치 교육은 필요로 선택하는 것이었다. 하지만 4차 산업 혁명 시대에 소통이 중요해지면서 우리는 스피치로 자신을 혁신할 필요성이 생겼다. 스피치는 자신을 혁신하는 아주 빠른 도구이다. 4차 산업 혁명 시대의 핵심 키워드로 떠올랐다. 따지자면 이제 스피치는 '필수템'이다. 만약 스피치가 세상에서 사라졌다고 가정해보자. 말이 없는 대인 관계, 말이 없는 친구관계, 말이 없는 부부 관계. 상상만 해도 답답함이 느껴지지 않는가? 스피치는 최고의 표현 방법이다. 또 스스로 방어할 수 있는 최고의 방어법이다. 또한 사랑을 이어나갈 표현이다. 스피치란 세상을 살아가는 데 유일무이한 방법이자 내 것이다. 이렇게 스피치가 중요한데 '의, 식, 주'에 대해서만 인사를 챙길 것인가? 이제는 '의, 식, 주'가 아니라 4차 산업 혁명 시대에 맞추어 言(말씀, 언)을 넣어 '의, 식, 주, 언'으로 바꿔야 한다.

우리는 세상을 살아가면서 말을 잘해야 한다는 것을 광범위하고 애매모호하게 설정해두고 있다. 이제 확실하게 스피치에 대해 생각해보자. 가족들과의 커뮤니케이션에서는 말을 어렵게 해도, 발음이 조금 흐려도, 말을 더듬어도 다 이해하고 알아듣는다. 개떡같이 말해도 찰떡같이 알아듣는다. 그러나 가족 외의 친구 관계, 선후배 관계, 비즈니스 파트너 관계에서는 얄짤없다. 내가 못했을 때 알아들어주는 일은 거의 드물다. 사회에서는 모든 관계가 엮여 있고 또 엮여가고 있다. 말이 조금만 많아도 말 많은 놈이 되고 말이 없으면 답답한 사람이 된다. 적재적소 말을 적절히 잘한다면 어디에서든 환영받고 대우받는 게 사회이다.

당신의 스피치 안녕 수준에 따라 당신의 첫인상부터 시작해 이해받고 인정받으며 인생의 성공 수준이 달라진다. 그러므로 당신은 지금 당장 스피치가 안녕한지에 대하여 알아보아야 한다.

스피치 안녕 체크 리스트

항상 그렇다 (4점)   보통 그렇다 (3점)
가끔 그렇다 (2점)   전혀 아니다 (1점)

- 나는 사람들 앞에서 말할 때 편안하다. (   )

- 나는 상대와 이야기할 때 부정적인 생각은 피한다. (   )

- 말하는 동안 목소리를 떤다고 느껴본 적이 없다. (   )

- 말을 하면서 몸이 긴장된다고 느껴본 적이 없다. (   )

- 내가 발표를 하면 청중이 움직임을 멈추고 나의 말에 집중한다. (   )

- 이야기하는 상대의 상호작용을 이끌어낸다. (   )

- 상대와의 이야기를 마무리하고 기억 노트에 요점을 적는다. (   )

- 스피치 전문 노트가 있다. (   )

- 발표나 연설 자리가 있으면 미리 연습한다. (   )

- 제시해야 하는 사항에 제시 유형을 적어본다. (   )

- 사람들에게 "내 말에 집중해보세요."라고 이야기를 하고 시작한다. (   )

- 상황에 따라 보이스 조절이 가능하다. (   )

90점 이상 – 당신의 스피치는 전문가 수준이다.

70~80점 – 20% 부족한 당신의 스피치, 조금 더 완벽하게 노력해야 한다.

50~60점 – 평균 점수보다 낮은 편. 전문가에게 연습하는 법을 배우는 게 좋다.

50점 이하 – 당신의 스피치는 빵점. 제대로 소통을 하기 위해 스피치에 목숨을 걸
　　　　　　 어라!

– 목소리 표현을 위해 목소리를 변화시킨다. (　)

– 말을 하면서 시각적인 그림, 사진, 영상 등을 이용한다. (　)

– 몸짓 언어인 제스처를 사용하는 편이다. (　)

– 상대와 눈을 마주치며 이야기를 한다. (　)

– 이야기할 때 상대의 시간에 맞춰 이야기한다. (　)

– 상대의 이해 능력에 맞춰서 이야기한다. (　)

– 내 목소리를 녹음해보고 들어본다. (　)

– 나의 말하기 실력은 안심된다. (　)

– 말을 짧게 하는 편이다. (　)

– 말을 해야 하는 상황에 따라 옷도 맞춰 입는다. (　)

– 질문을 예상하고 답변을 미리 준비해둔다. (　)

– 말의 속도나 길이를 체크하며 이야기하는 편이다. (　)

당신의 스피치는 몇 점으로 안녕한가? 스피치의 안녕을 챙기기에 앞서서 가장 핵심이 되는 것을 알아야 한다. 왜 나의 스피치 능력을 키워야 하고, 나의 스피치 안녕의 점수는 어떻게 되는지를 먼저 알아야 한다. 정치를 하는 사람이라면 멋진 연사가 되어 신뢰를 받기 위해서이고, 직장인이라면 성공적인 비즈니스를 위해서, 부모라면 아이에게 언어적 영향을 미치기에 스피치 능력을 키워야만 한다. 스피치의 안녕은 절대적으로 가볍게 무시하고 지나갈 수 없는 부분이다. 우리가 살아가고 있는 사회에서 스피치의 중요성이 크기 때문이다.

최근 스피치를 무기로 1인 미디어 시장이 뜨고 있다. 예를 들면 쇼호스트, 유튜버가 있다. 상품이나 콘텐츠를 설정하여 그것에 대해 설명하고 리뷰하거나 말을 끌어가는 것이다. 그들의 말은 수익을 창출하고 유명세까지 이끈다. 이렇게 스피치로부터 수익을 만드는 자기 PR 시대가 열렸다. 이제 PR을 뛰어넘어 스피치로 자신을 상품화시키는 시대이다. 스피치는 면접이나 비즈니스 또는 대인 관계에 많은 영향을 끼친다. 스피치를 스피치라고도 하지만 다른 말로 '화술'이라고도 한다. 화술이란 말재주를 뜻하는 명사이다. 화술의 기술력은 단순히 사람을 만나 대화할 때에만 필요한 것이 아니다. 어떻게 표현을 하느냐에 따라 나의 가치가 달라진다. 이쯤 되면 나의 가치에 영향을 주는 스피치의 안녕 수준이 굉장히 중요한 것이라는 것을 깨달아야 한다.

우리나라는 웅변이라는 화술 스피치의 개념이 나오기 전까지만 해도 스피치에 대해 보수적이었다. 특히 동방예의지국이라는 이유로, 집안에서 어른이 야단치실 때는 그 이유가 타당하지 않아도 머리를 숙여야 하며, 절대 말대답을 해서는 안 된다고 배웠다. 밥상 앞에서는 떠들면 안 된다고 배웠다. 침묵이 금이고, 말이 없는 사람은 양반처럼 배운 사람이며 말 많은 사람은 그저 똥값이라고 배웠다.

하지만 웅변에서 발전해 더 기술적인 스피치가 세상의 학문으로 나오면서부터 시대가 완전히 달라졌다. 이제 직장에서는 회의가 프레젠테이션으로 이루어진다. 상사와의 대화, 팀별 토론 회의로 진행된다. 사회의 기초인 대학도 구술 면접을 보고 학생을 뽑는다. 이렇게 현실은 나의 스피치 안녕 상태로 사회적 자리가 만들어진다. 수많은 사람 속에서 '스피치 안녕 못 해!'라며 단정 짓고 답답한 상태로 있는 사람도 있다. 하지만 누군가는 스피치의 안녕을 위해 교육을 받고 스피치 안녕의 수준을 올리며 자신의 스피치를 챙기고 있다.

점심시간에 "점심 식사하셨어요?"라고 인사를 했는데 상대가 "아니요. 바빠서 못 챙겼네요."라고 한다면 우리는 "식사는 거르면 안 되니 점심 꼭 챙겨드세요."라고 말하지 않는가? 그렇다면 나는 여러분에게 이렇게 인사하고 싶다.

"당신의 스피치는 안녕하신가요? 스피치는 거르면 안 돼요. 스피치를 꼭 챙겨요!"

02

나는 왜 말을
재미없게 할까?

'갑분싸'를 아십니까?

소수의 그룹 안에서도 사람들은 다들 한마디씩 주고받고 핑퐁 대화를
이어간다. 거기서 내가 말을 하면 왜 갑자기 분위기가 싸해질까? 갑자기
분위기가 싸해지는 것을 신조어로 '갑분싸'라고 한다. 예를 들면 누군가
썰렁한 이야기를 하면 "갑분싸!" 하고 표현한다. 주위를 둘러보면 갑분싸
캐릭터는 한 명씩 꼭 있다. 나는 왜 갑분싸인가? 갑분싸 탈출을 꿈꾸는
자들이 많을 것이다.

"아 다르고 어 다르다."라는 속담이 있다. 같은 말이라도 어떻게 표현

하느냐에 따라 듣기 좋은 말이 되고 듣기 싫은 말이 된다. 이러한 속담과 같이 '갑분싸'의 사람들은 같은 말이라도 갑자기 분위기가 싸해지게 만들며 재미없고 호감 가지 않게 이야기를 한다.

바비인형이라고 불릴 만큼 외모가 출중했던 A씨는 능력 있는 전문직 여성이다. 붙임성이 있어 금방 사람을 사귀며 사교성이 좋았다. 그녀의 능력 덕분인지 그녀의 주위에는 새로운 친구들이 늘 있었다. 그러나 그녀에게는 지속성 있는 오랜 친구가 없었다. 그 이유가 무엇인지 정말 알 수 없었다. 그녀는 예쁜 몸매, 예쁜 얼굴, 친절함을 모두 갖춘 여자였기 때문이다. 하지만 바비인형이라는 그녀와 대화를 하는 순간부터 왜 오랜 친구가 없는 것인지 알 수 있었다.

그녀는 대화하는 내내 항상 자기 말만 했다. 다 같이 친해지자고 모인 자리에서도 자기 말뿐이다. 공통된 이야기의 주제에서 벗어난 자신만 아는 이야기, 아무도 궁금해하지 않는 이야기, 자신만 관계되는 이야기를 중심으로 이야기했다. 그리고 상대가 말을 하면 갑자기 불쑥 자신의 이야기로 상대의 말을 끊어버리곤 했다 제대로 갑분싸를 만든다. 더욱더 심각한 것은 보통은 자신이 갑분싸라는 사실을 모른다는 것이다. 자신이 갑분싸라고 인지하는 사람은 분위기가 싸해지면 말하기를 멈춘다. 하지만 자신이 갑분싸라는 것을 인지하지 못하는 사람은 분위기가 싸한데 혼자 즐거워하며 이야기를 한다. 매우 심각한 상태이다.

혹시 나도 갑분싸를 만드는 사람이 아닐까?

재미있게 말하고 싶은가? '나는 왜 말을 재미없게 할까?'라고 생각해본 적이 있다면 먼저 당신이 갑분싸인지 아닌지를 체크해보자!

1. 항상 결론이 없는 대화

갑분싸의 특징은 대화에 결론이 없다는 것이다. 맥락 없이 자기가 하고 싶은 말만 하기 때문이다. 결론 없는 사람들인 갑분싸와 대화를 한 상대는 머릿속에서 물음표만 돌아다니기 때문에 대화에 재미는커녕 답답함만 남는다.

2. 자아도취의 끝없는 스토리

한 시간이고 두 시간이고 자신의 스토리로만 이어진다. 잠시라도 끊기면 다른 사람이 말하고 있는 주제를 빼앗아서라도 한 시간이고 두 시간이고 자신의 스토리를 이야기한다. 아무리 참을성이 좋은 사람을 만났다 하더라도 이것이 반복되면 누구라도 참을성이 바닥을 드러내게 된다.

3. 돌고 도는 리플레이

같은 말은 두 번만 들어도 지겹다. 특히 내 아버지라도 "내가 왕년에 말이야!"와 같이 '왕년'이라는 단어가 시작되었을 때 "아, 우리 아빠 또 시작이네." 하면서 지겨워진다. 그런데 남이 돌고 도는 리플레이, 똑같은 레퍼토리로 돌아온다면 대화를 시작하기도 싫어진다.

4. 타인의 이야기에는 영혼 가출

다른 사람이 말할 때는 영혼 가출, 자기가 말을 할 때는 세상 영혼 다 끌어다가 말한다.

그러다 상대방이 이야기를 시작하면 영혼이 가출해서 딴청을 피우며 영혼 없이 가볍게 대답하는 유형이다. 상대의 말하기를 재미없게 만들어 버린다.

말을 재밌게 하는 사람은 어떨까? 평범한 말을 특별하게 듣는다. 상대의 평범한 이야기를 특별하게 경청하며 귀 기울여준다. 신나는 공감의 맞장구는 상대의 말을 특별한 이야기로 만든다. 상대의 말을 재미있고 특별하게 듣는 사람은 같은 이야기라도 재미있고 특별하게 말한다. 평범하고 재미없는 이야기도 그 사람이 하면 특별하게 들리고 재미가 있어지는 것이다.

바비인형 같은 그녀에게 필요한 건 자신이 갑분싸를 만든다는 것을 인지하는 능력과 타인의 이야기를 특별하게 경청하는 능력이다. 바비인형 외모에 성격도 좋은데 말만 하면 갑분싸라니! 너무 안타깝지 않은가? 그녀뿐만 아니다. 앞서 갑분싸 테스트에서 전부 해당되는 사람도 있을 것이다. 갑분싸들이여, 갑분싸에서 탈출하자! 앞으로는 같은 말이라도 내가 하면 재미있어지도록!

03

말하려고 하면
덮쳐오는 트라우마

보기 좋게 망한 웅변대회, 트라우마

내 직업이 스피치 강사다 보니 사람들은 내가 원래 말하는 것을 쉬워했고 잘했다고 생각한다. 스피치 강사를 하고 있는 나조차도 처음부터 말하기가 쉬웠던 것은 아니다.

초등학교 4학년 때의 일이다. 나는 전국 통일 수호 웅변대회가 열린다는 가정통신문을 엄마에게 전달했다. 엄마에게 공문을 전달했을 뿐인데 나는 신청이 되어 있었다. 엄마의 반강제로 지원한 통일 수호 웅변대회에 나갈 원고 작성을 위해 이웃 작가 이모의 도움을 받았다. 역시나 작가 이모의 실력 덕분에 원고는 바로 통과가 되었다. 그런데 원고가 통과되면서부터 문제가 시작되었다. 원고를 웅변으로 표현해야 한다는 것이었다. 원고가 통과되었다는 것을 원망스러워할 시간도 없었다. 통일 웅변대회 일정이 얼마 남지 않았기에 무작정 원고를 외우기 시작했다. 학교 가는 길, 학교를 마치고 집으로 돌아오는 길에서도 그리고 집에 와서도 밥 먹고 원고만 외웠다. 그러다 잠이 들기를 반복했다.

그리고 드디어 통일 웅변대회가 시작되었다. 내가 다니던 학교에서 원고가 통과된 사람은 나뿐이었다. 그래서 학교 측에서는 우리 학교 자랑을 찍기 위해 방송부가 카메라 장비를 챙겨 웅변대회장으로 출동했다. 그리고 무대 맞은편 계단에 카메라를 설치하고 대회 영상을 찍었다. 처음 나가는 웅변대회라 부담감이 밀려오고 떨렸다. 그래도 해야 된다는 부담감에 주먹을 꽉 쥐고 크게 첫 문장을 외쳤다.

"우리나라는 호랑이 모양으로!"

그런데 다음 대사가 생각나지 않았다. 나는 침착하기 위해 머리를 쓸어올리는 제스처를 했다. 그러나 다시 "우리나라는 호랑이 모양으로!"라고 큰 소리로 외쳐도 다음 대사가 절대 생각나지 않았다. 머릿속이 하얘졌다. 학교에서 나온 방송부 언니가 들고 있는 카메라가 엄청 커 보였다.

나를 쳐다보고 있는 우리 엄마 눈은 독수리의 눈처럼 보였다. 관중의 표정이 확대되어 보였다. 그렇게 보기 좋게, 나는 망했다. 망한 웅변대회도 웅변대회이지만 나를 더 망하게 한 것은 방송부가 찍어간 영상이었다.

　월요일 방송 조회에 버젓이 방영된 나의 망한 웅변대회. 나의 굴욕이 전교생에게 방송되었다. 방송을 본 친구들은 내 모습을 내 앞에서 재연하며 놀렸다. 눈만 마주쳐도 머리를 쓸어 올리는 제스처로 한 달 동안 놀렸다. 놀림으로 얻은 건 무대 공포와 발표 불안이었다. 그렇게 발표가 싫어진 이후로는 제일 좋아했던 일기 발표조차도 싫었다. 결론적으로 통일 웅변대회는 나에게 최악의 경험이었다. 다음해 나는 5학년이 되었고 발표만 아니라면 학교생활에 문제없이 잘 지내고 있었다. 즐거운 학교생활을 하던 중 공포의 공문이 또 붙었다. 그러나 절대 하고 싶지 않았던 그 대회에 나는 또 신청되어 있었다. 똑같은 레퍼토리가 시작되었다. 또 나는 작가 이모에게 원고 도움을 받았고 그 원고는 통과되었다. 곧 얼마 안 있으면 대회 날이었고 난 끔찍했다. 그 큰 강당 무대에서 나 혼자 이겨내야만 하는 그 불안감과 공포심이 다시 떠올랐고 엄마에게 절대 하지 않겠다며 난리를 피웠다. 이때 난리에 비하면 나에게 6·25 전쟁은 난리도 아니었다. 엄마는 단호하게 말했다.

　"작년 그 무대를 극복하렴. 그렇지 않으면 넌 평생 그 무대의 불안과 공포 속에 살게 될 거야. 이겨내!"

엄마는 내게 녹음기와 녹음을 할 수 있는 공테이프를 내밀었다. 공테이프에 발표 멘트를 녹음시켰다. 학교 가는 길, 학교에서 돌아오는 길, 샤워하는 시간, 밥 먹는 시간, 자는 시간까지도 엄마는 쉴 새 없이 테이프를 틀어주셨다. 사실 나는 멘트를 녹음하는 일도, 그것을 듣는 일도 싫었다. 하지만 하기 싫은 마음보다 절대 이번만큼은 놀림을 당하고 싶지 않다는 마음이 더 컸다. 그래서 틈만 나면 열심히 원고를 외우고 거울 앞에서 웅변대회 연습을 했다.

보기 좋게 트라우마 극복, 말하기 업그레이드!

빠르게 최악의 무대는 다시 돌아왔다. 내 차례가 되자 '쿵, 쿵, 쿵!' 가슴이 뛰기 시작하고 숨이 가빠졌다. 그리고 첫 대사를 크게 외쳤다.

"통일 전망대에서 있었던 일입니다!"

순간 다음 대사가 생각이 나지 않으면 어쩌나 걱정했다. 하지만 걱정과는 달리 나는 말을 하고 있었고 제스처 또한 준비한 대로 잘하고 있었다. 사실 발표를 하면서도 잘하는 내 모습에 살짝 당황을 했는데 기분 좋은 당황이었다. 기분 좋게 우수상까지 탔다. 그날 이후로 기분 좋은 당황을 느낄 수 있는 발표가 좋아졌다. 또 발표 불안과 무대 공포는 이겨낼 수 있다는 큰 깨달음까지 획득했다.

나는 스피치 강사 일을 하면서 공포의 통일 웅변대회 사건을 학생들에게 늘 들려준다. 특히 학부모 교육에서는 필수 스토리다. 발표 불안, 무대 공포 극복 스피치 강의마다 생생하게 이야기를 전해준다. 그러면 모두 "원장님은 원래 말을 잘하게 타고난 분인 줄 알았다."라고 이야기한다.

태어날 때부터 말을 잘하는 사람이 있을까? 말하기란 절대 쉬운 일이 아니다. 수많은 스피치 이론서를 읽어도 말하기가 제대로 되지 않는 경우가 더 많다. 스피치 이론서를 읽고 이론만 알면 말을 잘할 수 있다고 한다면 우리나라 사람들 모두 스피치 도서를 읽는 법이 생겼을 것이다. 그리고 글로벌 스피치 품격 1위를 자랑했을 것이다. 말이 가진 본질은 이론으로 다 되는 것이 아니다. 누구에게나 말하는 것이 쉽지만은 않다. 말을 잘하면서 살다가도 어느 날 갑자기 말하는 것이 무섭고 회의감이 몰려올 때도 있다. 갑자기 나에게 들이닥치는 스피치 상황에서 아무리 생각해봐도 할 말이 떠오르지 않기도 한다. 처음 만나는 사람에게는 뭐라고 할 것인가? 화가 나는 상황에서는 욕을 해댈 수도 없고, 뭐라고 말해야 해결될까? 사랑하는 사람에게 어떤 말로 고백을 해야 할까? 누구에게나 말은 어렵다. 어렵다고 말을 안 하고 살 수는 없지 않은가? 순간순간 말은 어렵다. 그러나 어려운 상황을 이겨내야만 한다. 우리 실생활에서 일어나는 순간순간 말하기를 업그레이드시켜 잘 적용해야 한다. 말하기 업그레이드를 위해 노력하라! 마치 초등학생이 웅변대회를 통해 말하기를 성장시킨 것처럼 말이다. 말하기에 실패했다고 트라우마를 설정하지 말라!

말하기란 쉬운 것이 아니지만 말하기를 극복할 수 있는 힘을 기르는 것이 우리의 말하기 문제를 해결해줄 핵심이다. 단순히 실생활에서 말하기를 어렵게만 느끼고 그 시간을 보내기보다는 그 상황에 최선을 다해 집중하며, 말하기에 기죽지 말고 트라우마를 극복하자!

04

직장에서는 말을
잘할수록 유리하다

직춘기? 직장 생활 사춘기 타파하는 법

누구나 꿈에 그렸던 직장 생활이 있을 것이다. 그 직장을 얻기 위해 우리는 비싼 양복도 사서 입는다. 그리고 떨리는 마음을 달래며 큰 소리로 씩씩하게 면접 질문에 응하며 입사 준비를 했을 것이다. "귀하를 모시고 싶지만 우리 회사와는 맞지 않는다."라는 낙방의 메시지도 여러 번 받아 봤을 것이다. 그리고 그렇게 마음고생, 몸 고생해가며 들어간 회사에서 이제는 하루에 열두 번도 더 그만두고 싶다는 생각을 할 것이다.

회사에 앉아 있으면 마치 중학교 때 느꼈던 친숙한 감정들이 밀려온다. 직장 상사에게 확 하고 싶은 말을 다 쏟아내고 싶고, 확 뛰쳐나가고 싶어진다. 그러다가 로또에 당첨되어 직장을 웃으며 때려치다 말도 안 되는 상상까지 하게 된다.

고생해서 들어온 꿈꾸던 직장에 앉아서 '나는 누구인가?' 하며 갑자기 나라는 존재를 찾게 된다. 그러면서 자연스럽게 이 회사가 내가 바라고 꿈꿔왔던 곳임을 잊게 된다. 그러고는 직장 내에 시간들은 어두움으로 가득 찬다. 그렇게 우리는 인생의 참뜻을 잃어가며 시들어간다. 중학생 사춘기 시절 누군가는 어마무시한 폭풍의 시간들을 보냈을 것이고 누군가는 잔잔하게 물 흐르듯 넘어갔을 것이다. 그렇듯 직춘기, 직장 생활 사춘기라는 것이 찾아올 때 잘 보내야 한다.

'진짜 내가 꿈꾸던 일일까?'
'잘 지내고 싶은 상사와의 관계가 어렵다.'
'나도 사장님이 예뻐하는 주인공이 되고 싶어.'

여러 가지 직장 내에 고민만 넘쳐날 뿐 도무지 답이 보이지 않는다.

직춘기가 왔다면 말을 잘하라!

직장 내에 사춘기, 혹한기를 이겨내는 방법은 딱 한 가지이다. 말을 잘하라! 직장에서는 말을 잘할수록 유리하다. 직장 동료들이란 사실 가족보다 더 오랜 시간을 함께 보내는 사람들이다. 프로젝트 하나에도 여러 명의 관계가 형성된다. 그리고 하나의 회사로 수십 명, 수백 명, 수천 명의 사람들과 함께 걸어나가야 한다. 이러한 직장이라는 곳에서 직춘기를 겪지 않는 에이스가 되는 길은 바로 말하기다.

말을 잘할수록 일에 대한 매너리즘에 빠지지 않고 성장할 수 있다. 언제까지 회사의 미래, 회사의 자금력을 운운해가며 회사를 비관하고 직장을 어둠으로 계속 칠할 것인가? 지금 내가 발을 딛고 있는 이곳에서 성장하는 게 가장 빠르다.

"회사의 주인공은 나야!" 크게 외치고 직장 내에서 실행하는 작은 언어의 습관부터 바꿔보자. 직장이라는 공간을, 말을 배우고 실전 학습을 하는 스피치 학원이라 생각하는 것이다. 직장 내에서 예쁜 말하기, 비즈니스 관계, 협상 언어, 내 사람을 끌어당기는 기술력 등등 언어 공부를 통해 직장을 나만의 배움터 혹은 성장터로 업그레이드해보는 것이다. 이제는 현장 관리 능력과 생산성 있는 기술력이 중심이 되는 것이 아니라 그 기술력을 어떻게 드러내느냐 또는 어떻게 나를 알리는가에 따라 더 인정받고 나만의 아이템으로 구축이 되는 사회다.

회사는 철저한 이윤 추구의 목적으로만 이루어져 있다. 국내 회사는 이제 국내 최고의 기업보다는 글로벌 최고의 기업의 슬로건으로 움직이고 있는 조직체이다. 이러한 경쟁 가운데 직장에서 직춘기 느낄 시간이 없다. 철저히 나를 알리고 내가 성장해야만 한다. 회사가 글로벌 기업이 된다면 나는 글로벌 인재가 되는 것이다. 서두르고 싶지 않은가? 기업의 발전을 이루기 위해서 반드시 필요한 것은 회사의 자본금이나 완벽한 생산 시스템이 아니다.

나부터 말하기 공부를 시작하면, 모두 원활한 커뮤니케이션이 이루어질 수 있다. 금세 우리의 직장은 밝아질 것이다. 내가 꿈꾸던 직장이 더욱더 나를 꿈꾸게 하고 성장하게 해준다. 그렇게 된다면 완벽하게 나의 배움터, 성장터가 되는 것이다.

직장에서 말을 잘할수록 유리해지는 상황은 너무나 많다. 나의 자리나 연봉을 바꿀 뿐만 아니라 오해받지 않는 원활한 커뮤니케이션으로 직장 동료들과 관계도 좋아질 수 있다. 직장 동료들과 관계가 좋아지고 발맞춰 나아가다 보면 나의 직장은 빠르게 글로벌 회사가 되고 나 또한 글로벌 인재가 될 수 있다. 현재 내가 직장 생활에서 7%의 힘으로 말을 공부하고 말하기를 잘하게 된다면 당신의 말하기 노력 7%는 당신의 700% 성장으로 보답할 것이다. 말은 개인이 가진 역량을 최대한 발휘시키고 빛나게 만든다. 그리고 회사의 분위기를 주도하고 문화도 만들어나갈 수 있게 된다.

직장 내에서 나의 말하기가 회사와 직원들을 연결해주고 소통을 돕는 일을 하기도 한다. 직장 내에서 말을 잘하면 원하는 자리를 얻거나 회사 임원을 내 후원자로도 만들 수 있다. 그리고 부하 직원이 생기고 그 부하 직원들이 잘 따라오는 리더로 성장할 수 있다.

지금 당장 직장 내에서 말하기부터 잘하라! 말하기를 통해 직장 내 새로운 가치를 창출하는 당신만의 블루오션이 생긴다!

베스트 스피치

피나는 노력으로
최고의 스피치를 만든 스티브 잡스

평창 올림픽 프레젠테이션과 김연아의 스피치가 화제가 된 적 있었다. 프레젠테이션은 우리나라 직장인들에게 필수 스피치가 되었다. 다른 사람에게 나타낼 수 있는 나의 능력이기 때문이다. '프레젠테이션 스피치' 하면 떠오르는 한 사람, 바로 스티브 잡스이다.

많은 사람들이 스티브 잡스를 IT계의 천재 혹은 위대한 혁명가로만 생각한다. 하지만 그는 프레젠테이션 스피치에서도 혁명을 남기고 갔다. 스티브 잡스의 프레젠테이션은 전 세계 사람들을 자극했다. 일부는 잠도 안 자고 그의 프레젠테이션 스피치를 기다렸다.

스티브 잡스의 프레젠테이션은 남달랐다. 쇼가 많은 화려한 프레젠테이션이 아닌 심플한 프레젠테이션을 보였다. 화려한 애니메이션 효과보다는 청중의 집중력을 위해 심플한 화면 구상으로 열정을 다하여 공유했다. 그리고 청중의 뇌를 향해 스피치했다. 청중이 어느 부분에 관심 있어 하는지 알고 분명하게 메시지를 제시했다. 헤드라인부터 단순한 슬라이드 구성으로 모든 것을 단순화시켜 청중을 이해시켰다. 그리고 애플을 상품이 아닌 경험과 꿈으로, 비전 공유로 설명했다. 절정의 순간에서는 강렬한 메시지를 남겼다.

그의 실력은 곧 연습에 비례했다. 스티브 잡스의 스피치에는 평소 그의 가치관과 노력, 삶에 대한 원칙이 그대로 녹아있다. 그의 프레젠테이션 스피치로 많은 이들은 그를 존경했다. 스티브 잡스의 프레젠테이션 스피치는 애드리브가 아닌 그의 끊임없는 연습 속에서 탄생했다.

잡스는 철저한 시뮬레이션을 통해 스피치 무대를 준비했다. 우리는 스티브 잡스의 스피치 무대를 통해 알아야 한다. 성공적인 무대는 피나는 노력으로 태어난다는 것을!

05

말하기가 당신의
비즈니스를 좌우한다

말하기 계획을 기획하라

현대 사회에서 비즈니스를 하는 사람에게 가장 중요한 덕목은 말하기
이다. 왜 말하기가 중요한 덕목이 되었을까? 성공한 리더의 말하기 속에
는 뛰어난 비즈니스 스피치 실력이 있다. 말하기도 실력인 것이다. 상사
에게 사랑받고 인정받는 비즈니스 화법 또한 중요시되고 있다. 비즈니스
스피치 관련 서적도 많이 쏟아져나오고 있다. 리더들도 직원들의 능력을
제대로 100% 올리기 위해 리더 커뮤니케이션을 필수로 배우며 서로서로
힘쓰는 시대이다. 사람을 움직이게 하는 수단 중 가장 쉽고 빠르고 유일
한 것이 바로 말하기이다. 비즈니스를 움직이기 위한 최고의 수단은 말

하기이다. 우리의 말하기는 비즈니스 성패를 좌우한다. 비즈니스의 성패를 좌우하는 중심은 사람이다. 사람의 관계에서는 말하기가 기본이자 전부이다. 이렇듯 말하기는 우리의 경쟁력의 큰 기둥이라고 할 수 있다. 비즈니스에서 큰 기둥을 세우려면 말하기 작업 계획서를 기획해야 한다. 계획서 기획이 어렵다고 생각하는 사람이 많다. 기획서의 순서만 지키면 된다.

첫 번째, 목차를 정한다. 두 번째, 내용을 정한다. 마지막 세 번째는 비고 내용을 정한다.

첫 번째, 목차를 정할 때는 스피치의 개요가 무엇인지를 알아두고 목표와 주제를 설정한다. 그리고 설득 방법과 논거 방식, 말하기의 프레임(구조)을 만든다. 그리고 시간 계획과 같은 제약 사항을 체크해야 한다.

두 번째 작업은 개요에서 실시되어야 하는 내용의 제목을 만드는 것이다. 제목을 만들 때는 매우 신중하게 생각해야 한다. 제목에는 말하기의 핵심이 들어 있다. 한 번에 상대의 마음을 움직이는 제목이 당신의 비즈니스를 성공으로 이끌어줄 것이다.

대상이 누구인지를 설정하고 장소와 청중의 비즈니스 환경을 파악해야 한다. 그리고 목표와 주제에서는 제목과 같은 한 가지 핵심 문장으로

만 작성하는 것이 좋다.

설득 방법과 논거 방식에서는 사례 수집 내용을 포인트만 정리하여 내용으로 논거 전개 방식을 선택하는 것이다. 구분과 분석으로 할 것인가? 원리와 과정으로 할 것인가? 비교와 대조로 할 것인가? 논거와 주장으로 할 것인가? 문제와 해결 방식으로 할 것인가? 이 중에서 선택해야 한다.

팀으로 이야기를 해야 하는 말하기라면 팀의 역할 분담과 해야 할 사항을 제대로 파악하는 것이 중요하다.

구조 부분에서는 서론, 본론, 마무리를 나누어 콘티를 짜보자. 제약 요건 및 시간 계획에서는 서론, 본론, 마무리 속에 있는 말 속에 장소의 제약은 없는지, 리허설이 길지는 않은지, 아이스 브레이킹 시간으로 잡은 오프닝이 오히려 본론보다 더 길지는 않은지를 체크하는 것이다.

이러한 디테일한 말하기 작업 계획서로 어느 누구도 함부로 덤비지 못하는 세심하지만 간결한 비즈니스 성공을 거둘 수 있게 되는 것이다.

비즈니스 말하기 성공의 열쇠

말하기 작업 계획서를 만들었다면 이제 곧바로 비즈니스 말하기를 실행으로 옮길 차례이다. 여기까지 진행하고도 못 하는 사람들은 대부분 비즈니스에 실패할 경우부터 떠올리는 사람들이다. 혹시 실행으로 옮길 때 비즈니스의 실패부터 떠오르는가? 그것은 당신의 실패 경험으로부터 되살아나는 과거의 아픈 기억이다. 하지만 이 아픈 기억은 그저 과거이다. 실패부터 떠오르는 당신에게 "당신은 할 수 있다. 당신을 믿는다."라고 무작정 말한다고 해서 힘이 날 수 있을 것 같은가? 그 말이 더욱 부담스러워서 못하겠다고 말할 것이다. 그러면 어떻게 해야 할까? 당신의 과거 비즈니스 실패에 대해 직관해보면 된다.

실패라는 놈은 모든 사람에게 의욕 상실을 일으키는 아주 나쁜 놈이다. 그리고 '트라우마'라는 친구도 함께 데려온다. 아무리 야심차게 말하기 작업 계획서를 적는다 하더라도 이전 실패 경험을 더 생생하게 떠오르게 한다. 나를 불안하게 만드는 천하의 못된 놈이다.

과거 비즈니스 실패를 경험했던 사람이라면 최대한 비즈니스 협상이나 프레젠테이션의 자리, 미팅 자리를 피하고 있을 것이다. 지속적으로 피하게 된다면 우리는 비즈니스의 기회를 스스로 잃게 된다. 그렇기에 우리는 비즈니스 성공을 위해 실패라는 놈과 그의 친구 트라우마를 나에게서 내보내야만 한다. 잘 걷는 사람도 가끔은 넘어지기 마련이다. 비즈니스에서 실패라는 놈은 나에게만 찾아오는 것이 아니다. 누구나 실패라는 놈에게 당하고 트라우마라는 친구까지 소개받게 된다.

당하고만 있을 것인가? 당하고만 있지 말고 그냥 실패란 놈을 무시해

버리면 된다. 잘 걷는 사람도 넘어질 때가 있다. 넘어졌을 때 조금 아프긴 하지만 옷을 툭툭 털고 일어나듯 우리도 실패란 놈과 트라우마란 놈을 가볍게 무시해버리면 된다.

비즈니스 성공의 키는 실패를 가볍게 무시하고 실행하는 우리의 능력에 있다. 비즈니스 말하기를 실행으로 옮긴다는 것은 정말 우리에게 큰 기회가 오는 것이다.

나 자신의 능력과 생각을 펼치고 사회적 인재로 거듭나게 해주는 절호의 기회이다. 회사 자리만 차지하는 인재가 아니라 조직에서는 정말 없어서는 안 될 주요 핵심 인재가 될 수 있다. 그 기회를 잘 잡으려면 말하기 작업 계획서대로 말하고자 하는 내용을 기억하고 숙지하여 훈련하기보다는 말하고자 하는 작업 계획서의 흐름을 파악하는 훈련을 해야 한다.

그저 내용만을 암기해버리면 문제가 생길 수도 있다. 혹여나 바로 다음 내용이 생각나지 않는다면 그 뒤 내용까지도 모두 생각나지 않는다. 기억이 나지 않으면 반드시 실패가 따라오고 그 실패는 트라우마라는 친구까지 대동해서 날 찾아오게 된다. 그렇기에 말하기 작업 계획서의 핵심 단어를 포스트잇에 순서대로 붙여놓고 흐름을 파악하면서 이야기하는 훈련을 한다면 흐름 파악은 금방 완벽하게 될 것이다.

비즈니스 성패를 좌우하는 성공적인 말하기 계획서로 세심하지만 간결한 비즈니스를 이룰 수 있다. 또 실패라는 놈을 가볍게 무시하면 된다. 포스트잇으로 핵심 단어 흐름 파악 훈련하기까지 완벽하게 한다면 당신은 굉장한 비즈니스 성공을 이끌 수 있다.

이제 준비가 되었는가? 당신의 성공과 꿈을 이루어줄 비즈니스 무대로 지금 당장 나아가라!

06

이제 말에도
성형이 필요하다

뭐든지 성형이 자연스러운 시대

요즘 우리 주위에 성형했다고 해서 손가락질을 받는 사람이 있는가? 알 듯 말 듯 예뻐지는 쁘띠 성형부터 시작하여, 대수술로 이어지는 큰 성형조차도 서로 추천할 만큼 자연스러워지고 있다.

이런 사회 분위기 덕에 바빠진 건 성형외과 의사 선생님뿐만이 아니다. 성형으로 인해 바빠진 사람들에 스피치 강사인 나도 속한다. 이제는 말도 잘생기고 예쁘게 해야 하는 시대가 되었다. 매력적인 인상을 남기려고 자신만의 스토리, 인사말, 건배사 등 멘트를 성형하기 위해 찾아오시는 분들이 많다. 콤플렉스였던 목소리나 이미지를 스피치로 성형하기를 원하신다.

온라인 취업 포털 사이트에서는 취업 준비생들 723명을 대상으로 자기소개를 하는 구술 면접 때문에 말을 성형하고 싶은 사람에 대해 조사한 결과, 두 명 중 한 명 꼴로 말을 성형하고 싶다고 했다. 부족한 말솜씨 또는 스토리, 글쓰기를 만회하고 싶다는 뜻이 가장 컸다고 한다. 얼굴 성형은 타인의 손으로 가능하나 말의 성형은 타인의 손을 빌리지 않아도 된다.

타인의 손을 빌리지 않고 자신의 노력으로 자신만의 말소리나 말재주를 만들어야 하기에 여간 만만치가 않다. 하지만 저비용 고효율이므로 말하기 성형을 포기해선 안 된다.

말이 예뻐지는 3가지 비결

그렇다면 말을 성형하기 위해서는 무엇을 해야 할까? 말 성형! 이 3가지만 기억하면 가능하다!

첫 번째, 자신을 탐색하는 시간을 가져라!

먼저 말을 잘하기 위해서는 자신의 내면과 외면을 탐색하고 바라보는 시간이 필요하다. 자신이 살면서 쌓아온 경험들을 정리하고 그 속에 숨어 있는 본인의 잠재적인 역량부터 찾아보면 된다. 예를 들면 유아, 초

등, 중등, 고등, 대학 생활 등 학교생활별로 나누어 생각해보는 것이다.

두 번째, 확실한 본인의 캐릭터를 찾아라!

우리 삶의 스토리 속 내면의 과정을 통해 정말 '나'라는 캐릭터를 찾게 되면 말의 성형이 더욱더 쉬워진다. 그리고 그 캐릭터가 무엇을 잘해왔는가를 생각한다면 남들에게 말하기 더욱 좋은 매력적인 스토리가 구성될 수 있다. 예를 들면 못하고 잘하고를 따지지 않고 무언가를 3년 이상, 3번 이상 어떤 상을 받았거나 꾸준히 해오는 것을 기준으로 세워 생각해보면 쉽다.

세 번째, 지인 찬스를 이용하라!

말하기 성형을 위해서 자신을 바라보고 내면을 바라보는 것이 힘들다면 지인 찬스를 이용하여 지인들에게 자신이 어떤 사람인지 물어보고 말하기 상태를 체크해보는 것도 나쁘지 않다. 예를 들어서 지인들에게 '내가 어떤 이미지인지, 내가 말하는 것이 어떤 느낌을 주는지' 가볍게 물어보는 것이다. 지인의 대답에 상처를 받는 건 금물이다! 말하기를 성형하고자 물어본 진료 결과에 실망하면 안 되는 법이니까. 이렇게 3가지를 실천한다면 나의 말 성형에 대한 확실한 진료가 될 것이다. 그렇게 된다면 본인의 말 성형이 확실하게 이루어질 것이다. 시각적인 요소로는 이미지

메이킹을 통한 이미지 성형이 될 것이다. 보이스 성형을 통해 떨리는 목소리라는 진료 처방이 나오면 떨리지 않는 목소리를 낼 수 있는 훈련을 통해 보이스 성형을 할 수 있다. 또 더듬는 소리라는 진료 처방이 확실해지면 그에 따른 훈련을 통해 확실하게 말을 성형할 수 있을 것이다.

내면적 탐색을 통해 나를 찾고 지인의 조언을 들어보자. 그렇게 하면 자존감 확보와 내면적 성장도 기대하면서 말하기 성형이 되고 결국 완벽한 말하기 미인, 미남이 되는 것도 시간문제이다. 말하기에 따라 좋은 일이 더 좋아질 수도 있고, 억울한 문제 속에서도 헤어나올 수 있고, 사람도 얻고 재산도 얻을 수 있다. 이것이 말 성형의 힘이다.

말에는 사람을 움직이고 세상을 변화시키는 힘이 분명히 존재한다. 따라서 우리는 얼굴 성형이 시급한 것이 아니다. 말 성형이 제일 시급하다는 것을 알아두어야 한다. 말의 성형은 아프거나 돈이 드는 것도 아니다. 그저 나의 노력으로 예뻐지며 내가 원하고자 하는 것들을 얻을 수 있는 무일푼 고효율 최고의 성형이다. 말하기 성형으로 더욱더 성공한 오프라 윈프리, 오바마 대통령, 닉 부이치치처럼 우리 또한 우리를 세상에 당당히 멋지고 예쁘게 외칠 수 있다. 지금 당장 말 성형을 시작하자!

07

말을 잘하는
사람은 따로 있다고?

조조가 변호사를 가르치다

우리 가족들은 나를 조조라고 불렀다. 어릴 때 작은 고모가 만들어주신 애칭이다. 조조란 별명의 뜻은 조잘조잘 말을 잘하고 말이 많다는 뜻이다. 작은 고모는 늘 말씀하신다.

"우리 조조는 공부만 더 잘하고 말을 조금만 더 잘하면 변호사가 됐을 끼다."

변호사가 될 만큼 공부를 잘하지는 못했지만, 어릴 때 나는 말을 잘하

54 내 몸값 올리는 말하기 기술

는 아이였다. 공부를 잘하고 말공부를 하면 무엇이든 될 수 있겠다고 생각했다. 스피치 강사를 하면서 생각해보니 어릴 적 내가 참 순수한 생각을 했구나 느낀다.

말이 많고 말을 잘하는 것처럼 보일 뿐 말의 스킬이 없는 사람이 있었다. 성공한 사람처럼 보이지만 말의 스킬이 없어 비즈니스에서 낭패보는 사람도 있었다. 말을 원래 잘하지 못한다고 움츠리고 있지 않아도 된다. 말을 잘 못하더라도 말하기 기법을 배우고 훈련을 하면 말을 잘하게 되고 사람을 이끄는 힘으로 바뀌어 성공을 할 수 있다.

내가 조조로 그쳐서 아쉬워하시던 작은 고모가 말씀하셨던 변호사도 말도 잘하고 공부도 잘해야 하는 것이 표면적으로는 맞다. 그러나 원인과 근거를 적절하게 제시하는 현직 변호사들도 아는 것만큼 표현이 잘 안 되어 결국 나의 스피치 학원을 찾아 말하기를 배운다. 조조에게 변호사가 말을 배운다.

말을 정말 잘하는 사람은 법적 문제가 생길 시에 법 공부를 해서 변호사를 통하지 않고 나 홀로 소송을 진행하고 승소한다. 이러한 경우를 보면, 말을 잘하는 사람이 따로 있지 않다.

말 잘하는 사람 따로 있는 게 아니다

말을 못하는 사람은 말을 잘하는 사람을 보면서 나와 다른 사람, 다른 세계의 사람이라고 여길지도 모른다. 원래부터 말을 잘하는 사람이라고 생각한다. 말하기에 자신이 없는 사람들은 앞으로 말을 잘할 수 없다고 단정 짓고 말공부를 하지 않는다. 하지만 말을 잘하는 사람은 말의 효과를 알기에 더욱더 말공부에 힘쓴다.

스피치 교육을 받기 위해 찾아오는 분들 중에는 50~60대도 많으시다. 반평생을 말을 잘하지 못해 겪었던 부당한 일로 한이 맺혀 오신다. 나이가 들수록 회사에서는 높은 직급을 맡게 되고, 모임에서도 그렇다. 건배사를 해야 하는 사소한 상황 등에서 말을 못했던 한을 풀기 위해 스피치를 배우러 오신다. 말하기에 대한 자신감이 없어지면서 자존감 하락으로 이어졌던 것이 쌓이고 쌓여 스피치를 고3 학생들만큼 열심히 하신다. 그리고 엄청난 발전을 보여주신다. 많은 분들이 모임에서 말하기 훈련의 효과로 자존감을 되찾으시고 "진작 배울 것을 왜 지금 배웠는지 모르겠다. 지금이라도 배우기를 잘한 것 같다." 하시며 좋아하신다. 또 "반평생 내가 이렇게 말하기를 잘할 수 있다고 생각하지 못한 게 한이 된다."라고까지 이야기하신다.

50~60대 인생 선배들이 지금까지 말 잘하는 사람은 따로 있다고 생각

했는데 그건 아닌 것 같다고 하나같이 입을 모으셨다. 그래서 나는 말하기 훈련을 통해 누구든 말을 잘할 수 있다는 것을 알려드리고 싶다는 욕심이 커졌다.

그분들은 '말하기가 배워서 될까?' 하는 의구심에 늦은 나이가 되도록 스스로의 틀에 갇혀 계셨다. 하지만 결국 해내셨다. 그분들처럼 나이가 들어 고치기에는 지나간 세월이 너무나 아깝지 않은가?

원래 말 잘하는 사람은 따로 있다는 생각으로 본인의 말하기를 가두지 말아야 한다. 하루라도 빨리 아까운 세월이 흐르기 전 열린 마음으로 말하기 훈련을 했으면 좋겠다.

특히 이 세상은 커뮤니케이션 없이는 살아갈 수가 없다. 말로써 소통을 이룰 수 있다면 모든 관계에서 이해와 사랑 그리고 진정한 성공을 얻는 큰 힘을 발휘할 수 있다고 생각하기를 바란다.

"말 잘하는 사람이다."라고 표현하는 경우는 말하기를 잘 배우고 잘 실천한 자들에게만 해당된다. 앞으로 말 잘하는 사람은 따로 있다는 이야기 속에 말 잘하는 사람으로 당신이 속해 있기를 바란다. 말의 힘으로 새롭게 세상을 인식하고 그러한 세상에 나를 인식시키며 말하기 훈련을 실천함으로써 세상에 작은 기여부터 분명히 시작할 수 있을 것이다. 말의 기술을 배우고 실행한다면 사람들은 당신에게 말할 것이다.

"너처럼 원래부터 말을 잘하는 사람들이 있고 나처럼 못하는 사람이 있잖아?"

원래부터 말을 잘한다는 칭찬에 시너지 효과가 생겨 세상은 온전히 내 중심으로 돌아가면서 행복을 분명히 누릴 수 있을 것이다. 말은 행동의 리더이다. 말을 잘하는 사람이 되어야 내 행동도 나를 잘 따라주며 진정한 나 자신의 주인이 될 수 있다. 그래도 나는 스피치 강사로 변호사 선생님들을 코칭하면서 작은 고모 말씀을 떠올리며 웃는다. 스피치 강사라는 나의 직업이 아니었다면 괜히 변호사라는 직업에 열등감 느낄 뻔했으니까.

08

말하기 능력이
곧 돈이 되는 시대

말이 돈이 된다

현대 경영학을 창시한 학자인 피터 드러커 박사는 인간에게 있어 가장 중요한 능력은 자기표현이고 현대의 경영이나 관리는 이러한 커뮤니케이션에 의해서 좌우된다고 이야기했다.

세상에서 가장 좋은 직업은 무엇일까 생각을 해본 적 있는가? 세상에서 제일 좋은 직업은 사람의 기준에 따라 다르다. 각각 직업을 통해 얻는 성취감, 행복이거나 돈을 많이 벌어야 좋은 직업이라고 생각한다. 개인마다 기준점을 가지고 있지만 대부분 돈을 많이 벌어야 한다고 생각한다. 자본주의 국가에서는 돈이 곧 명예이고 권력이다. 돈을 많이 버는 방법은 공부를 잘해서 전문 자격증을 따고 전문직을 가지는 것과 자본을 가지고 사업을 시작하는 것, 크게 두 가지로 나뉜다. 그러나 최근 사회는 소자본을 투자하여 큰돈을 버는 일을 찾고 있고 있으며 소자본 투자로 대박 나는 일이 흥하고 있다.

소자본이 왜 필요한가? 말하기 능력을 가지면 무자본으로 크게 성공할 수 있는데 말이다. 말하기 능력으로 자본을 만들고, 말하기 능력으로 성공을 이끌며, 말하기 능력으로 명예와 권력을 얻으면 성취감과 행복 그리고 돈은 금방 따라오게 되어 있다. 나 역시도 말하기 공부로 말하기 능력이 생겼고 1인 기업가가 되었다.

말하기 능력은 이 시대의 경제력을 구축하는 데 돈보다 더한 필수 조건이다. 말하기 능력은 이제 월급 관계, 나의 통장 잔고와도 직결되는 큰 문제다.

우리나라에는 "말 한마디에 천 냥 빚을 갚는다.", "글 잘하는 자식 낳지 말고 말 잘하는 자식 낳으랬다." 등 말을 잘하라는 뜻의 속담이 많다. 그만큼 우리 선조들도 말하기를 중요시 여겼다는 것을 알 수 있다. 아무리

나 자신이 출중하고 뛰어난 능력을 가지고 있더라도 말하기 능력이 없다면 타인과 더불어 살아가는 이 사회에서는 경제력을 구축하기가 힘들어진다. 우리 사회의 교육 흐름 또한 바뀌었다. 말하기 능력을 향상시키기 위해 초등 교육부터 팀 프로젝트 방식으로 팀원들과 토론하고 서로 의견을 듣고 결과를 도출하여 이야기하는 과정을 도입하고, 대학 입시 면접을 통해 학생의 인성과 성실함을 평가하고 성적을 매기는 등 기초적 말하기 능력을 중요하게 여긴다. 이제는 의미 없는 점수제 교육보다는 말하기 능력을 키워주며 사회 전문 분야에서 더 빛을 발할 수 있도록 돕고 있다.

말하기 능력을 키울 수 있도록 목소리 훈련법, 발음법, 즉흥 말하기, 상황별 말하기, 경청이라는 주제로 많은 커리큘럼을 가진 교육이 필수가 된다면 분명 대한민국의 경제력 또한 성장할 것이다.

경영학의 대가인 피터 드러커가 말했듯이 자신을 표현하는 수단인 말하기가 가장 중요한 시대라는 것을 우리는 인지해야 한다. 경제력 구축에서 피터 드러커의 정신을 본받았으면 좋겠다.

말하기 능력, 경제력을 높이는 방법

피터 드러커 박사는 50년 동안 자기표현 또는 성공적 경영 경제력 구축을 위해 자기 계발을 해왔다고 한다. 피터 드러커의 자기 계발 방법은 오로지 하루 10분의 성찰 시간이다. 가장 먼저 할 일은 나와의 대화다. '나는 무엇을 원하는가?'를 정하는 목표로 4가지를 정했다.

매일 저녁 잠들기 전 목표 대비 성과와 비교 목표를 체크했다. 이는 목적 달성 때문만은 아니었다. 나만의 강점을 파악하는 피드백 수첩을 활용했다. 약점은 과감하게 버리고 강점을 중심으로 다시 목표를 짜는 것이었다. 나를 바꾸지 않고 최대의 성과를 올리는 것이 피드백 수첩의 효과라고 했다. 그렇게 반복되는 나와의 대화와 목표 설정 그리고 행동 평가를 통해 점점 명확해지는 나의 강점을 표현하면서 성과를 올린다.

못하는 것을 잘하려고 노력할 필요도, 시간과 경쟁할 필요도, 나를 바꾸려는 노력도 필요가 없다. 내가 발견한 보물의 원석을 갈고닦는 조건으로 그대로의 나는 충분하다. 우리는 피터 드러커처럼 나의 보물을 찾고 우리의 강점으로 쉽고 빠르게 말하기 능력을 구축하여 경제력을 만들어야 한다. 피터 드러커는 이야기했다.

"이제 미래는 이 책을 덮고 지금 당장 실행하느냐 마느냐에 달려 있다."

피터 드러커 박사의 말처럼 지금 우리에게는 앞으로의 경제력을 높이기 위해 말하기 능력을 향상시키기 위한 훈련을 실행하느냐, 마느냐가 가장 중요하다! 지금 당장 실행하자!

베스트 스피치

8억 강연료를 받는 남자
브라이언 트레이시

브라이언 트레이시는 아주 불우한 가정에서 태어났다. 학교에서도 문제아였다. 성적도 좋지 않았다. 그는 고등학교를 중퇴했고 호텔 주방에서 접시를 닦았다. 그뿐만 아니다. 하루하루 힘들게 주유소, 화물선, 주차장 등에서 일하며 근근이 먹고사는 무일푼 노동자였다. 그리고 차에서 잠들며 하루하루 버텼다.

간신히 버티며 살아가던 브라이언 트레이시는 최선의 노력을 다하여 인력 계발 회사를 만들었다. 그는 단순히 회사만 설립한 것이 아니다.

"이 강연을 듣고 있는 사람은 상위 10% 사람입니다. 제가 어떻게 아냐고요? 저는 20년 넘게 이런 강의를 했습니다. 늘 배우려는 자세를 가진 상위 10%의 사람들이 시간과 에너지를 들여서 이런 강연을 찾아 듣습니다. 따라서 여러분은 결심만 한다면 뭐든 이룰 수 있습니다."

　브라이언 트레이시는 돈을 벌어들이는 일에만 힘쓴 것이 아니다. 전 세계를 돌아다니며 동기부여와 성공학 스피치 강연을 다닌다. 그의 스피치에서는 늘 청중을 존중하는 것을 엿볼수 있다. 그 마음을 전달받은 청중은 브라이언 트레이시에게 마음의 귀를 열었다. 그는 사람들에게 긍정적인 언어로 스피치를 한다. 끝까지 포기하지 않도록 열정을 다하여 동기부여스피치를 강력하게 쏟아낸다. 브라이언 트레이시는 뒤통수를 맞는 듯한 따끔한 스피치를 하지만 따뜻한 눈빛이 더 강렬하기에 청중의 반론 제기가 없다. 그는 8억이라는 엄청난 스피치 가치를 가지고 세계적으로 활동 중이다.

2장

말하기는
단지 스킬이다

01

말을 잘하고 싶다면
말하기 스킬을 배워라

말하기 스킬 왜 중요할까?

누구나 말을 하고 있고 말을 하면서 살아간다. 개인적으로 나는 말의 시작을 사랑하는 내 가족과 함께한다.

"잘 잤어?"

"일어나."

"여보, 잘 다녀와."

엄마로서 또는 아내로서 나의 말하기가 시작된다. 그리고 항상 육아를 도와주시는 친정 엄마에게 오늘 무엇이 필요한지를 묻거나 쇼핑을 가자든가 하는 딸로서의 말하기가 있다. 스피치 아카데미를 운영하는 원장으로서 스피치 코칭 일을 하면서 학생과의 말하기, 강사진들과의 말하기로 하루를 채워간다. 우리의 하루는 이렇게 대부분 채워가며 살아가고 있다.

말은 우리의 하루를 채우고 인생을 채워간다. 그러니 말하기가 중요하지 않을 수가 없다. 말하기 스킬이 왜 중요한지 우리는 알아야 한다. 우리의 한마디 한마디는 엄청난 결과를 초래한다. 엄마로서 말하기 역할은 내 아이의 언어 세계를 만든다. 아내로서 말하기 역할은 힘든 남편에게 힘이 되기도 하고 힘을 빼기도 한다. 딸로서 부모에게 말하는 한마디 한마디는 외동딸을 바라보고 평생 살아온 어머니에게 상처가 되기도 자랑이 되기도 한다. 원장으로서의 한마디 한마디의 말하기는 같이 일하는 강사들과 학생의 역량을 키워내는 힘을 가진다. 말이라는 것은 역할에 따라 말하기 스킬로 인정받고, 사랑받고, 성장을 시키고, 성공을 얻을 수 있느냐 없느냐가 달려 있는 아주 중요한 문제이다.

누구든 말공부를 시작한다고 하면 나는 대찬성이다. 무작정 또는 무조건 말을 하기보다는 말하기 스킬을 가지고 말을 하는 것이 쉽고 빠르고 정확하다. 스킬이란 것은 '기술을 숙련하다'라는 뜻이다. 숙련이란 말 그대로 연습을 많이 하여 능숙하게 만든다는 것이다. 우리는 언어를 사용하는 동물로 말을 하고 말하기의 결과물을 매일 만들고 있다. 이러한 점들만 봐서도 말하기 연습을 많이 하여 언어적 동물의 세계에서 최고로서 살아남아야 한다. 물론 말하기를 숙련하고 스킬을 만드는 것이 쉽지 않다는 것은 인정한다. 부족한 스킬 때문에 스피치를 해야 하는 상황에서 불안하고 긴장되는 느낌을 가져봤을 것이다. 그곳이 큰 무대든 작은 무대든, 다수의 그룹이든 소수의 그룹이든지 어떠한 상황에서 느낀 느낌이라도 그때의 기억이 우리에게 공포, 불안, 부담, 고민으로 따라온다. 그리고 더욱더 무서운 건 그러한 불안이 우리를 지속적으로 끊임없이 괴롭힌다는 것이다. 언어를 사용하는 동물의 세계에서 계속 약자로 살아갈 것인가? 그렇게 살아가기엔 우리의 인생이 단 한 번뿐이라 너무 아깝다. 최대한 긍정의 단어를 사용하며 행복한 마음으로 상대와 원활한 의사소통을 하여 답답함 없이 살아야 하지 않겠는가?

아주 간단하고 효과적인 말하기 스킬

그런 삶을 위해 우리는 말을 잘해야 하고, 말을 잘하려면 말하기 스킬이 무조건으로 필요하다. 말은 나 자신의 인격을 드러낸다. 자신이 내뱉은 말은 자신이 책임져야 한다. 자신이 자주 하는 습관적인 말들로 나의 상황은 만들어진다. 늘 당신의 말이 부정적인 말들로 언어의 습관이 만들어지지는 않았는가를 이쯤에서 체크해보아야 한다.

"아, 짜증 나. 이럴 줄 알았어."
"내가 그렇지 뭐."

누가 그렇게 말하라고 시켰는가? 누가 당신의 부정적 인격을 드러내라고 시켰는가? 나의 언어 습관을 체크해보고 조금이라도 반성하게 된다면 지금 당장 부정적 언어의 흐름과 인격을 끊어내자!

그동안 말했던 습관성 언어들 때문에 힘들 것 같은가? 힘들지 않다. 지금부터 말을 배우기 시작하는 4살 아이처럼 시작해도 충분하다! 고(故) 정주영 회장님은 "길이 없으면 길을 찾고 찾아도 없으면 만들면 된다." 라고 말씀하셨다. 고 정주영 회장님의 말씀처럼 자신이 부정적이고 언어 습관이 좋지 않은 사람이라고 미리 포기하지 말고 스스로 언어의 길을 만들어나가면 된다. 말하기 스킬의 실력은 '누가 먼저 말하기 스킬을 배우고 스킬을 사용하고 있는가? 말하기 스킬이 몇 년 차인가?'로 실력을 채점하지 않는다. 말하기 스킬의 채점 기준은 '말하기 스킬을 시작하였는가, 시작하지 않았는가?'이다. 동물의 세계에서는 누가 사냥을 더 잘하느냐가 서열의 기준이 된다. 우리 사이에도 언어를 사용하는 동물로서 말을 누가 더 스킬 있게 우월하게 잘하느냐에 따라 서열이 생긴다. 그렇기에 우리는 언제 어디에서 어떠한 상황에서도 말을 통해 자신을 제대로 드러내야 한다.

말을 핑퐁처럼 바로바로 주고받으며 대응하는 기술이 필요하다. 자칫 잘못하면 상대에게 기죽는 일, 신뢰를 잃는 일, 실망감을 주는 일이 생길 수 있기 때문이다. 언어적 동물로 살아가는 동안 언어, 말, 소통은 절대적으로 없어질 수 없다. 아리스토텔레스의 말처럼 인간은 사회적 동물이다. 따라서 인간은 혼자서 살 수 없다. 사회적으로 우리는 끊임없이 어느 곳에 소속되고 활동하면서 여러 가지 역할을 가지고 살아간다. 또 그로 인한 영향력을 가지게 된다. 모든 것이 말로 표현되기에 우리는 무조건적으로 말하기 스킬을 배우고 숙련해야 한다. 우리는 언어의 동물이니 이왕이면 약자보다는 강자로 살아가자!

지금 그 생각,
말로 표현할 수 있는가?

지금 그 생각을 말로 표현 못하는게 당연하다

우리가 동해를 보고 있다고 가정하자.

동해를 보고 있으니 어떤 생각이 드는가? 지금 그 생각을 말로 표현할 수 있는가? 동해 바다를 보고 드는 지금 그 생각, 말로 제대로 표현할 수 있는가?

갑작스러운 질문에 대답을 해야 하는 상황이 온다. 다른 사람 생각도 아닌 내 생각을 이야기하는데도 입이 바짝 마르고 머릿속은 백지장이 된다. 중요한 면접에서는 더욱더 그렇다.

당연히 어려울 수밖에 없다. 지금 그 생각을 말로 표현하는 것을 초등학교, 중학교, 고등학교, 대학교, 어느 곳에서도 가르쳐주지 않았기 때문이다. 그렇기에 말로 표현하는 일에 우리는 한없이 작아진다. 지금 그 생각을 말로 표현할 수 없어도 괜찮다. 희망이 있다. 한없이 작아진다는 것은 한없이 커질 수도 있다는 이야기이다. 집중력, 사회적 능력, 추진력을 키우는 것보다는 생각을 표현하는 일이 더 쉽다. 생각을 표현하는 일은 열린 사고, 열린 시선, 자신을 제어할 수 있는 능력, 이 3가지만 있으면 된다. 그렇다면 제대로 내 생각을 말할 수 있게 된다. 지금 그 생각을 말로 표현할 수 있는 제대로 된 말하기를 우리는 빨리 배워야 한다.

이제는 치열하게 경쟁해야 하는 사회이다. 무조건 착한 말, 예쁜 말로 살아가기에는 사회가 내 마음 같지 않게 냉혹하다. 경쟁 사회에서 우리는 사람이라는 네트망 속에서 가능하면 빨리 배우고 일하고 성공을 이루어야 한다. 객관적으로 제대로 된 말하기를 해야 한다. 그렇지 않으면 네트망 속에 소통이 고통이 되는 경우가 생긴다. 당신은 지금 읽고 있는 이 책을 통해 지금까지 생각을 잘 표현하지 못한 실수에서 배움을 얻게 될 것이다. 상황을 통해 말하기를 배우고 상대의 생각을 분석해 관계성의 능력을 기를 수 있을 것이다.

지금 그 생각을 말로 표현 못한 나, 실수와 배움

생각을 말로 표현하지 못하는 이유는 분명히 존재한다. 머릿속이 하얘지고, 정리되어 있는데 말이 쉽게 안 나오는 경우는 그냥 우리의 문제점 중 일부분에 불과하다. 이것은 전체가 아닌 일부분이기에 쉽게 극복할 수 있다. 오히려 내가 생각을 잘 표현하지 못한다는 것을 인지조차 하지 못하기에 문제가 생긴다. 말다툼에서 늘 제대로 말하지 못하고 혼자 답답한 상황에서 내 생각을 잘 전달하지 못한다고 스스로 인지할 수 있다. 아니면 타인에 의해서 내가 말로 표현을 잘 못한다는 것을 알 수 있다. 하지만 여기서 혼자서 인지했을 때는 정말로 내가 그냥 안 것뿐이고, 타인을 통해서 인지했더라도 그것은 단지 상대의 조언일 뿐인데 스스로 자존감이 떨어져 이 문제를 더 깊게 가져가기도 한다. 또 그런 조언을 하는 타인을 나쁜 사람으로 취급하는 경우도 있다. 그렇기에 우리는 제대로 말을 표현하는 능력을 가질 수 없는 것이다. 지금부터라도 치열한 경쟁 사회에서 제대로 말을 표현하는 능력을 갖추기 위해 스스로의 인지든 타인으로 인한 인지든 따지지 말고 나의 말 표현을 있는 그대로 인정하자.

있는 그대로의 인정을 시작으로 비로소 제대로 된 말하기의 첫 단추를 끼우기 시작한 것이다.

상황 속에서의 나, 적용

제대로 말로 표현하기 위해서 책을 읽고 인터넷 강의를 들으며 국가 대표 선수처럼 말하기를 반복하고 적용하며 말하기 훈련을 하는 사람이 있다. 그런 사람은 더 넓게, 더 크게 말을 표현할 수 있는 능력에 한계가 있다. 우리가 살아가는 인생은 상황의 연속이다. 상황, 상황, 상황 속에서 적용된 말을 해야 하는 것이 중요하다. 국가대표 말하기 훈련은 정해 놓은 상황 속에서 확실하지 않은 말인데도 불구하고 무조건적으로 따라 하게 만든다. 책, 인터넷 강의 교육 이론을 통해 말로 표현했지만 안타깝게도 말과 상황 간에 큰 괴리가 생긴다. 그렇기 때문에 가능하면 각각의 상황 속에서 나를 찾고 적용해야 한다.

첫 번째는 구체적으로 지금의 상황을 생각해라. 상황을 중심으로 이론에 대해 원칙대로 이야기해보자. 두 번째, 상황에서 성공한 제대로 된 말하기를 기억했다가 다른 상황에서도 꼭 적용해보자. 사랑하는 사람에게 고백을 성공한 상황이라면 직장 상사에게도 똑같이 적용하는 것이다.

이렇게 우리는 하나의 말하기로 열 개의 말하기를 배우게 되고 내 생각을 제대로 말할 수 있는 능력을 가지게 되는 것이다.

상대의 생각을 분석, 관계성의 능력

상황을 판단하고 분석하여 제대로 말하는 것은 가장 중요한 능력이다. 판단과 분석이라는 능력은 너무나 포괄적이며 범위가 넓고 깊다. 판단이나 분석을 섣부르게 한다면 오류를 범할 확률이 높아진다. 그렇기에 자신의 느낌만을 믿거나 교육 이론을 바탕으로 함부로 판단이나 분석을 하지 않는 것이 좋다. 건강을 위해 운동하고 건강식을 먹는 것처럼 제대로 말하는 표현 능력을 차근차근 발전시켜가겠다는 의지로 천천히 대인과의 관계성을 전면적으로 발전시킨다면 사회의 주요 인재로서 큰 능력을 얻게 된다. 대화가 고통이 아닌 소통이 되고, 설득을 해야 하는 비즈니스맨으로서 어려움이 없고, 지루하지 않고 임팩트 있는 연설을 하게 된다. 토론을 통해 더욱더 넓어지는 사고력, 말의 표현력으로 어느 상황이라도 어떤 사람과 만나더라도 최고의 관계성으로 아우르게 된다.

우리는 이렇게 지금 내 생각을 말로 잘 표현하지 못하는 예전의 나를 보내고 지금 그 생각을 더 높은 차원으로 표현하게 될 것이다.

03

말을 많이 해봤다고
잘하는 것은 아니다

말을 많이 하는 것은 결코 말 연습이 아니다

당신은 말을 잘하고 싶어서 이 책을 열었을 것이다. 여태껏 말을 잘하려고 어떠한 노력을 해왔는가? 말을 잘하고 싶다고 이야기하는 사람들에게 말을 잘하기 위해 어떤 노력을 했냐고 물으면 대부분 말 연습을 하기 위해 말을 많이 하려 했다고 이야기한다. 그러나 무작정 말만 많이 하는 말하기 연습은 실전 말하기에 굉장한 악영향으로 반영된다.

잘못된 자기애로 가득찬 사람은 말을 하면서 자신의 권력과 성공을 많은 말로 풀어낸다. 하지만 광적인 자신감으로 인해 광적으로 많은 말을 한다면 오만한 마음만이 자라게 된다. 또한, 광적으로 비호감도 함께 자란다. 먼저 정확하게 자신을 파악해야 한다. 자신에게 맞는 말하기를 통해 확실하게 말을 해야 한다는 것이다. 옛말에 말이 많으면 좋다는 이야기보다는 안 좋다는 이야기가 더 많다. 즉, 말이 많으면 실수 또한 많다. "말이 말을 만든다."라는 말처럼 말을 많이 한다고 말을 잘하는 것은 절대 아니라는 것이다.

대표적으로 J군이 그랬다. 그는 근본이 참 착하다. 마음 또한 따뜻하며 잔정도 많다. 주변 사람들을 세심하게 잘 챙겨 감동시키는 데도 1등이다. 하지만 J군이 꼴등인 부분이 있다. J군은 말이 많아 말을 핵심적으로는 잘하지 못하는 유형이었다. 그리고 많은 말로 인해 실수가 많았다. 그래서 그런지 사람들은 J군의 따뜻함에 감동을 받았던 일들을 금세 잊고 돌아선다. 군말이 많으면 쓸 말이 적고, 말이 말을 만들어 오해를 낳는다.

말을 많이 해서 좋지 않은 경우가 또 있다. 내가 아는 Y군은 평소엔 조용하고 말이 없다. 하지만 술을 마시면 말이 많아지는 유형인데 평소 힘들었던 것, 참았던 것들을 한꺼번에 쏟아내는 유형이다. 듣는 사람은 경청에 번 아웃이 올 정도이다. 하지만 본인은 술이 해독된 후 미안해하며 다시 말 없는 사람으로 되돌아간다. 그리고 그 쏟아지는 말을 들은 사람만 미치는 상황이다. 말은 항상 조심해야 하고 술을 마시든 안 마시든 조절이 필요하다.

또 K양은 어색한 분위기를 참지 못하는 유형이다. 이런 사람은 상대방과 이야기의 주제를 만들기 위해 이 말 저 말 다 던져보다가 망하는 경우가 발생한다.

모 대학교수님이 나를 찾아오셨다. 그 이유는 바로 자신의 강의 내용을 전달하는 말하기가 이렇게 형편없는지 몰랐다는 것이다. 20년 동안 별 탈 없이 교수 생활을 해왔는데 강의 평가가 생겨나면서 학생들이 평가하기를 강의 내용 전달이 전혀 안 되고 무슨 말인지 모르겠다고 평가한 것이다. 한 학기나 일정 기간 받았던 강의에 대해 평가를 하는 평가지에 개선 사항이나 보완 사항에 자꾸 말하기로 지적을 받으니 교수 평가에도 악영향을 미쳐 스트레스가 이만저만이 아니라고 하셨다. 20년 넘도록 많은 말을 하고 살아서 자기는 어디 가서 말을 못한다고는 생각도 안 했는데 '내가 이토록 말을 못했나.' 싶어서 자신감을 매우 상실한 상태였다. 이러한 사례를 보면 말을 많이 한다고 절대 말을 잘하는 게 아니라는 것을 알 수 있다. 물론 말공부를 하고 연습을 많이 했다면 상황이 달라진다. 말하기 저서들을 보면 많은 전문가들이 무조건 대중 앞에 나서서 용기 있게 말하기를 해보라고 권유한다. 그러나 말을 제대로 공부하지 못하고 연습하지도 않은 상황에서 말을 많이 해보는 것은 옳지 않다. 말을 많이 해서 도움이 되는 사람은 말에 대해 분명히 제대로 알기에 말하기에 대한 좋은 효과가 나타나는 것이다. 말하기만 많이 했다가는 말하기 실패로 이어져 오히려 트라우마만 안고 오는 독이 되는 경우가 생긴다. 무조건 말을 잘하는 것처럼 보이기 위해 나서서 말을 하다가 자신과 걸맞지 않은 말들이 스스로에 대한 신뢰를 무너뜨린다. 더군다나 앞으로 있을 말할 수 있는 기회까지 송두리째 앗아간다. 그렇기 때문에 무조건 말을 많이 하는 것을 말하기 연습으로 하는 것은 절대적으로 반대한다.

말하기를 잘하기 위해서는 스스로 자신의 스피치 타입을 찾아야만 한다. 말을 하면서 힘들었던 문제점을 극복하며 만들어진 자신만의 연구 과정을 통해 말하기 실력을 더욱더 차별화되게 만들 수 있다. 그렇게 된다면 말하기에 힘이 생긴다. 자신만의 말하기 연구 과정에서 최고의 포인트는 말하는 자신의 모습이나 분위기와 말하기가 잘 매칭되도록 하는 것이다.

말하기는 자신을 있는 그대로 비추는 거울과도 같다. 말하기 연구 과정이 끝났다고 해서 무조건 상대에게 많이 말하는 것보다는 카메라 촬영을 해서 객관적으로 자기 스스로 평가해보는 것이 좋다. 가족이나 친구에게도 영상을 보여주며 피드백과 칭찬을 받는다면 더욱더 확실히 도움이 될 것이다. 강력한 오프닝, 감동스러운 클로징 멘트도 해보는 것이다.

완벽하게 스스로에 대한 평가가 끝난다면 실전으로 나와 상대에게 공부했던 말하기를 시행해보자.

분명히 상대는 당신에게 이러한 말을 할 것이다. "어쩜 그렇게 말씀을 잘하세요?"라고 말이다. 이제부터 제대로 된 말하기를 시작해보자! 절대 말을 많이 해봤다고 말을 잘하는 것은 아니니까!

04

말은 나를
보여주는 창이다

나를 보이기

옛말에 "처음 보고 그 사람을 판단하지 말고, 그 사람과 이야기를 해봐라. 그럼 그 사람이 어떤 사람인지 알게 된다."라는 말이 있다. 우리는 말로 나를 보여주게 된다. 보이지 않는 거울이고 보이지 않는 창문과 같이 나를 비추고 보여준다.

세상은 사람과 사람이 '말'이라는 것으로 '소통'을 이룬다. 상대와 정보를 나누고 감정을 공유하면서 자신을 비추고 보여주면서 살아간다. 말은 나를 보여주는 창이다. 사람과 사람으로 연결되어 있는 사회 네트망 속에서 우리는 돈을 벌고 밥을 먹고 옷을 입으며 살아간다. 사람과 사람으로 연결되는 이유는 '말'이 있기 때문이다. 우리는 말로 상대에게 나를 알리고 보여준다. 개인으로부터 시작해 큰 기업까지 말을 통해 자신을 알린다.

사람과 사람으로 엮여 있는 이 시대에 성공적으로 살아가려면 내 사람 만들기, 나의 사람을 포섭하는 일이 중요하다. 사람을 포섭하기 위해서는 매력, 위트, 자신만의 고유 마인드 등 여러 가지 요소가 필요하다. 하지만 사람을 포섭하기 위한 강력한 능력은 무엇보다 '말'이다. 사람을 사로잡을 수 있는 말은 무엇이 다를까?

상대가 나를 볼 수 있도록 창문 열어두기

제일 먼저 가까운 사람과의 대화를 체크해보자.

친구: "요즘 회사 일이 힘들어서 밥을 제때 못 챙겨 먹었더니 입맛이 없네. 그래서 네가 사준 밥이 맛있기는 한데 많이 못 먹겠어."

당신은 뭐라고 대답하는가?

① "그래? 회사 일이 많이 힘든가 보네. 피곤해서 그런 건가 봐."
② "그렇게 많이 먹지 못하면 어쩌니? 힘들수록 한 술이라도 더 떠야

지. 내가 더 맛있는 거 사줄까?"

친구: "요즘 집안에 일이 생겨서 너무 힘들었어. 회사에 휴가 내고 집에서 쉬고 있는데도 쉬는 것 같지 않고 피곤하다."

당신은 뭐라고 대답할 것인가?

① "휴, 그래 집안일이 제일 골치 아프지."
② "피곤하면 오늘은 일찍 들어가. 집안일 잘 해결하고, 건강도 잘 챙겨. 우리는 다음에 또 보면 되지. 집안일이 제일 힘들지, 잘될 거야."

가까운 사람과의 대화를 할 때 대부분 해결에 대한 피드백을 얻으려 하기보다는 답답해서 넋두리하기 위해 이야기하는 것이 대다수이다. 서로 친한 관계에서는 상대의 고민에 대해 성의껏 잘만 들어주는 것도 성공한 대화이다. 하지만 듣기만 할 수 없지 않은가? 대답을 해야 하는데 그때 뭐라고 해야 할지 모르기 때문에 형식적인 위로나 대답을 하게 되는 경우가 많다. 하지만 형식적인 위로나 대답으로는 상대가 당신에게 마음을 터놓지 않고 멀어지게 될 것이다.

이럴 때는 앵무새 화법을 이용해 마지막 말을 따라 하면 된다. 친구의 마지막 말을 대답의 첫 문장으로 만들어서 이야기를 하면 들을 때 공감을 해준다는 느낌을 받고 위로가 되면서 상대에게 당신이 진정한 자기 편이라는 창문을 설정해준다. 당신을 볼 때 진정한 내 편이라는 시선으로 당신을 보게 되는 것이다. 어지럽고 복잡한 세상 속에서 사람을 사귀어 보고 판단하기에는 시간이 너무 오래 걸린다. 사람을 볼 때는 그 사람의 말이 단조롭고 간략한지, 소박하면서 깊은 뜻을 가졌는지, 차분하며 차가운지, 차분하지만 따뜻한지 등을 들어보고 판단하면 된다. 말은 그 사람의 인격을 드러내기 때문이다. 말이 사람의 인격을, 살아온 지난날을 그 사람이 배웠던 가정 교육, 가정 문화들을 담아 우리에게 드러낸다. 내가 상대에게 어떻게 보이는 사람인지, 사람을 나의 편으로 포섭할 수 있는 언어를 가지고 있는지, 상대에게 나는 몇 등급인지 나의 말의 점수를 체크해보아야 한다.

말에는 사람의 단단함이 어려 있다. 무심코 던지는 말에도 그 사람이 묻어 있고 드러난다. 사람과 사람이 살아가는 네트워크 속에서는 한 번만에 사람을 사로잡고 일이 해결되는 일은 드물다. 사람을 품어 성공한 『삼국지』의 인재 유비는 조조나 손권에 비해 아무것도 아니었던 사람, 그저 평범한 인물임에도 불구하고 마음을 베풀어 사람을 얻는 데 성공했다. 우리도 유비와 같이 말이라는 창문을 통해 천천히 차근차근 나를 정확하고 따뜻하게 드러내자. 유비와 같이 말로 사람의 마음을 얻어 사람과 사람이 살아가는 세상 속에서 성공하게 될 것이다.

베스트 스피치

소통으로 리드하는 버락 오바마

선거를 하여 지도자를 뽑는 민주주의 국가에서 스피치로 성공한 사람을 뽑으라면 단연 버락 오바마일 것이다. 버락 오바마의 연설은 한 번에 지지도를 높였다. 그리고 그의 한마디 한마디에 미국인들은 광적으로 열광하고 통합했다. 그는 대통령이기 전에 힘 있는 웅변가였다.

미국에서도 버락 오바마는 굉장히 특별한 케이스이다. 흑인이 미국의 대통령을 하는 것도 미국에서는 처음 있는 일이었다. 본토가 아닌 하와이에서 태어났고 아랍계 중간 이름을 지닌 것도 보통 미국인과 비교되는 일이다. 그런 그가 미국 대통령이 될 수 있었던 것은 말하기 능력 때문이다. 그는 평범한 말하기 능력을 가진 것이 아니었다.

그는 "Yes, we can!"이라는 말로 선거에 승리했다. 이 말은 시대정신을 압축하는 메시지였다. 오바마를 반대하는 의견이 나왔지만 그는 더욱더 강렬한 스피치로 미국 국민을 설득했다.

버락 오바마는 어릴 적부터 연설을 잘했다. 시카고에서 연봉 1만 2천 달러를 받는 지역사회 조직가 활동을 23세에 시작했다. 로스쿨에 입학하고 졸업 후에는 법학 교수, 민권 변호사로 일했다. 그리고 『내 아버지로부터의 꿈』, 『담대한 희망』이라는 두 권의 책으로 대중과 소통했다. 그는 강연 스피치를 통해 미국의 인종 문제와 정치적 과제를 자신의 입장으로 풀었다. 그리고 그는 스피치를 통해 리더로서 양심과 정직함을 표정과 몸짓으로 표현했다. 마침내 미국 사람들의 마음을 샀다.

철저한 스피치로 소통하고 리드하는 버락 오바마의 스피치를 통해 우리는 진정한 스피치의 의미를 배워야 한다.

05

시선을 잡아끄는
겸손과 당당함

시선을 끄는 스킬, 겸손과 당당함을 체크해보자.

"원장님, 사람들의 시선을 끌면서 말하는 스킬은 무엇인가요?"

이런 질문을 받아본 적이 있다. 진지하게 생각한 뒤 대답했다.

"따뜻한 겸손이 느껴지게 말하는 당당함이요."

대답을 들은 학생은 오히려 나의 대답에 더 혼란스러워했다. 바로 설명을 해드렸다.

"겸손은 사전적 의미로는 남을 존중하고 자기를 내세우지 않는 것이라고 정의되어 있습니다. 많은 사람들이 자신을 낮춘다는 뜻으로 알고 있죠. 하지만 진정한 겸손은 내가 어떤 높은 직위에 있더라도 상대와 평등하다고 생각하는 것이죠. 그리고 평등하게 이야기하면 상대에게 따뜻한 편안함을 줄 수 있으며 상대는 직위가 높은 나를 오히려 더 우러러보고 시선을 놓치지 않을 것입니다. 겸손하게 말하는 것은 정말 어렵습니다. 말은 자신감이 있는 사람이 잘한다고 다들 알고 있으나 사실 자신감에 가득 찬 사람은 겸손하기 어렵고 일방통행의 말하기로 사람들에게 비호감을 사는 경우가 더 많습니다. 시선을 끄는 말을 하기 위해 따뜻하고 겸손하려고 한다면 겸손하게 말하려는 노력을 하는 것보다 정말 진심으로 겸손한 마인드를 구축해야만 합니다. 겸손한 마인드를 구축하려는 노력에서 가장 중요한 사실은 겸손이기 때문이죠. 마인드를 구축하려고 노력하고 있다면 그것을 행동으로 옮겨야 합니다. 행동하지 않는 노력은 노력도, 겸손도 아닙니다."

나의 설명에 학생들은 내 대답을 이해한 듯하였다. 겸손한 사람들 곁에는 늘 좋은 사람들이 많다. 소통이 잘되므로 자존감이 떨어질 일이 없다. 그래서 당당함까지 얻게 되는, 시선을 끄는 말하기 능력을 자연스럽게 가지게 된다.

당당함은 자칫 잘못하면 잘난 체하는 것으로 이어질 수 있는 경우가 대다수이다. 진정한 당당함을 가지기 위해서는 심리학에서 자아 존중의 관계를 보여주는 에고(ego)의 단계를 확실하게 체크해보면 된다.

첫 번째, 거울을 본다. 거울을 보는 것은 자신을 인지한다는 것이다. 나 자신을 인지하면서부터 비교라는 것이 생겨 타인과 나 자신을 지속적으로 비교하며 비관적으로 변하거나 더 나은 곳을 향해 가려는 자신의 욕망을 발견하여 더 나은 삶에 집착하게 되므로 나 자신이 거울을 보면서 비교하지 않는가를 체크해보면 된다.

두 번째, 커뮤니케이션 속 논쟁에서 주제와 관련 있는 논쟁을 하기보다는 자신이 피해를 받을까 봐 두려워하면서 한 가지 주장만 내세우고 있지는 않은가를 체크해봐야 한다.

세 번째, 나 자신을 인정하기보다 타인의 인정을 받으려 하고 있지는 않은가를 체크해보는 것이다. 타인의 생각에 얽매여 타인에게 맞추며 칭찬을 듣는 데 빠진다면 스스로에 대한 칭찬은 더욱 어려워질 것이며 스스로 자아를 찾기 매우 어려울 것이다.

네 번째, 자신의 장점을 과시하지 않는가를 체크해보는 것이다. 자신의 탁월한 능력을 숨기지 않아도 되지만 지나치게 강조하는 것은 상대와 자신 스스로가 많은 힘을 빼는 일이므로 과시하지 않는가를 체크해보는 것이 좋다.

시선을 끄는 말하기는 이제 당신의 것이다

우리가 늘 행복하고 인정받고 쓸모 있는 존재로만 살 수는 없기 때문에 자부심을 얻게 되거나 큰 칭찬을 받을 만한 일이 있을 때에는 겸손할 줄 알아야 하고, 세상살이에서 힘들고 거친 풍파를 만났을 때는 용기를 내는 당당함 또한 배우고 구축하려고 노력해야 한다. 부와 명예와 높은 직위를 다 가진 사람이 겸손함과 자신의 자아를 잘 찾고 용기를 낼 줄 아는 당당함이 있다면 더욱더 상대에게 존경받고 닮고 싶은 사람이 될 수 있을 것이다. 또 호소력이 짙은 존재, 눈을 뗄 수 없는 사람으로 시선을 끄는 위대한 말하기를 하는 사람이 될 것이다.

속과 겉이 다르면서도 겉으로는 예의와 겸손을 지극히 내세우는 일본에서는 '~라고 생각합니다.'라는 표현을 자주 사용한다고 한다.

'제가 말할 필요도 없다고 생각합니다.'
'불충분해서 일어난 일이라고 생각합니다.'

'상당히 놀라실 만한 일이라고 생각합니다.'

일본인들은 99.9%의 확신이 있어도 이 표현을 사용한다고 한다. 이 표현은 여러 가지 상황을 고려하며 깊게 생각한 대답이라는 인상을 준다. 이것은 일본인에게 배워야 할 겸손한 어투다

따뜻하고 겸손하고 당당한 말하기 스킬이 누구나 할 수 있고 정말 쉬워서 정말 시선을 끌 수 있는 스킬일까 의심이 든다면 그 의심은 접어둬라! 유일한 최고의 스킬이니까!

지금 당장 따뜻하고 겸손한 그리고 당당한 말하기를 시작하라! 말하기 스킬로 이끄는 시선은 이제 당신의 것이다.

06

쉽게 말하는
심플한 말하기 공식 3가지

스피치의 공통점은 무엇일까?

강의를 하다 보면 많이 듣는 이야기가 있다.

"선생님, 말을 어떻게 쉽게 잘할 수 있을까요?"

그럴 때마다 "말은 애초부터 쉬운 것이 아니기에 쉽게 잘할 수 있는 방법은 없습니다."라고 말해주고 싶다. 하지만 스피치를 가르치는 강사가 "말은 쉽지 않습니다."라고 말한다면 어떤 일이 생길까? 스피치를 배워보고자 등록한 원생에게 자신감을 심어주기는커녕 스피치의 방향성까지 잃게 할 것이다. 그렇게 말을 해주지 못한다면 진정한 스피치 강사로서 스피치 프로세서 혹은 말 공식이라는 것을 직접 만들어야겠다고 다짐했다. 그래서 나를 찾아오는 학생들에게 공통으로 나타나는 '말이 왜 어려운가? 스스로 왜 말을 풀고 있지 못하는 것인가?' 등 여러 가지 스피치 상황을 파악하면서 그들의 공통점을 묶어서 공식을 세웠다.

심플한 말하기 공식은 3가지이다.

첫 번째는 당신의 모든 것을 인정하기!

스피치를 배우러 오는 수강생들의 80%가 말하길 현재의 자기 자신이 마음에 안 든다는 것이었다. 자신감과 자존감을 모두 잃은 상태라고 말하며 안타깝게 눈물까지 보이는 학생도 있었다. 하지만 그 눈물의 의미는 자기 자신과의 싸움을 했고 아직도 하고 있다는 것이다. 그런데 어찌하겠는가? 눈물을 흘리고 나 자신이 마음에 안 드는 그 모습마저도 나인 것을! 나 자신을 거부하다 보면 내가 하는 생각과 마음까지 거부하게 된다. 사실 스피치를 수강하여 듣는다고 할지언정 수업을 듣는 중 수업 내용조차도 거부하게 된다. 그래서 나는 스피치 강의를 하기 전 꼭 동기부여를 한다. 그중에 제일 중요하게 포인트를 잡는 3가지 부분이 있다. 첫 번째는 "당신의 모든 것을 인정하라!"라고 이야기한다.

사람은 빛의 물체이다. 빛이 없다면 우리는 사람을 볼 때 검은 피부인지 하얀 피부인지 또는 어떤 색의 옷을 입었는지도 판단하지 못한다. 우리는 빛을 통해 세상을 바라보는 눈동자로 사물들을 보며 살아간다. 그런데 막상 우리는 나를 비추는 빛, 나의 고유한 빛을 인정하지 않고 자신의 빛을 제대로 보지 않으려 한다. 당신은 우주 태양계에서부터 내리쬐는 빛을 바꿀 수 있는가? 빛을 바꿀 수 있다면 우주선을 타고 태양계로 가서 빛을 바꿔보라. 하지만 빛은 우리 마음대로 바꿀 수 없다. 우리는 그 빛이 비치는 그대로를 봐야 할 뿐이다. 고유의 빛이 더 빛날 수 있도록 도와줘야 세상에서 가장 완성된 아름다운 빛이 되는 법. 나의 빛을 다른 빛으로 바꾸려 노력하는 시간보다 오히려 고유의 빛을 더욱더 빛나게 하기가 더 쉽고 빠른 방법이다.

두 번째는 부정적 단어와 부정적 사고를 없애기!

한 여인이 나를 찾아왔다. 그녀는 한 회사의 대표로 어느 누구나 그녀를 보면 닮고 싶어 했고 동경하는 인물이었다. 나 역시도 그 여인을 본 순간 이런 여인이 스피치를 배운다고 찾아오다니 너무나 영광스러운 일이라고 생각했다. 그런데 그녀는 대인 관계가 어렵다고 했다. 그렇게 많이 외로워지다 보니 자존감이 한없이 낮아진다는 이야기를 시작으로 솔직한 대화를 나눴다. 그녀와 대화를 10분 나눈 뒤 그녀에 대한 환상과 동경은 다 깨졌다. 그리고 왜 대인 관계가 어려웠는지 단번에 알아냈다. 누구나 닮고 싶어 하고 동경하는 인물과의 대화의 시작이 영광이 아니라 고되고 피곤한 일로 바뀌었다. 그 이유는 그녀의 언어가 대부분 부정어였기 때문이다. 그리고 자신이 부정적인 일을 예상해서 부정적인 일이 맞아떨어질 때 기분이 제일 좋다는 것이었다. 남들만큼 기대하지 않았고 생각처럼 되었기에 상처도 없었다는 것이다. 그래서 그녀는 모든 일에 부정적 사고부터 설정한다는 것이었다. 그래서 나는 물었다.

"그럼 선생님은 지금 이 스피치 수업조차도 썩 효과가 있다고는 생각하지 않겠네요?"

그녀는 그렇다고 대답했다. 그래서 다시 물었다.

"그러면 왜 저를 찾아오셨나요?"

그랬더니 잘 가르친다고 이야기를 들어서 혹시나 하는 마음으로 찾아왔다는 것이다. 그래서 나는 이렇게 대답했다.

"선생님, 지금 선생님이 느끼시는 '혹시나'라는 마음이 선생님을 변화시킬 거예요. 저를 믿어보세요."

나는 그녀에게 개인 맞춤 컨설팅으로 스피치 컨설팅을 시작했다. 일대일 코칭으로 세밀하게 그녀 속의 긍정을 찾아주는 작업을 함께 해나갔다. 그녀는 부정어 사용보다는 긍정어 사용이 조금 더 많아지기 시작했다. 수업진행 후 그녀의 회사 직원이 "대표님, 너무 따뜻해지셨어요."라고 이야기했다고 한다. 대인 관계에서 대화도 그전보다 많이 길어졌다는 것이다. 부정이라는 단어는 모든 것을 잃게 하지만 긍정의 단어는 모든 것을 얻게 한다.

세 번째는 변화를 두려워하지 않기!

스피치라는 것은 엄청난 변화를 이끌어오기 때문에 변화를 두려워해서는 안 된다. 변화하고 싶어서 스피치 학원을 찾아왔다가 스피치 솔루션 시작과 동시에 주위 사람들에게 너무 냉랭하거나 듣기 거북하다고 그만하라고 했다는 이야기를 많이 듣는다. 그래서 오히려 자신감이 떨어진다고 이야기한다. 사실 충분히 이해한다. 나조차 그랬으니까. 나는 어릴 적 별명 중 하나가 야구할매였다. 오로지 경상도에서 태어나고 자라면서 말조차도 경상도의 사투리는 내가 다 사용하고 있었다. 모르는 사투리가 없을 정도로 나는 뼛속까지 사투리가 밴 사람이었다. 스피치 강사가 하고 싶어서 무작정 스피치 강사 양성 자격증을 따고 강사 일을 열심히 했는데 나의 경상도 어투가 문제였다. 이 어투를 고치려면 보이스 트레이닝이 필요했다. 그것도 피나는 보이스 트레이닝이었다. 시간만으로는 쉽게 성장하지 않았다. 뼛속까지 깊게 박혀 있는 어투를 고치기 위해서 일상생활에서도 연습을 해야 했다. 그러나 오랜 시간 '아구할매'라고 부르던 친구들과 주변 사람들에게 변한 말투로 이야기하려니 나 자신이 어색하고 부끄럽기도 했다. 그들의 디스를 감당할 자신이 없었지만 그들에게 나의 꿈과 미래를 위해 어색해도 참아달라고 용기 내어 이야기를 했다. 아직도 생생하다. 친구들은 나의 선포에도 한참 웃으며 나를 디스했다. 하지만 선포 이후 나는 계속 실전에서 할 수 있어서 마음이 편해졌다. 그들의 디스 속에서 열심히 연습했다. 그때의 노력으로 나는 지금 MC 진행자를 맡아 수익을 창출한다.

스피치 공식의 답

이제 나는 학원 학생들에게 아나운서 같다는 과분한 칭찬도 들으며 스피치 학원을 운영하는 원장이 되었다. 나조차도 예전 별명과 캐릭터 때문에 변화하기를 힘들어했고 주위 반응에 변화를 두려워했다. 하지만 결국 이겨내고 지금 이 자리에 서 있다. 변화를 두려워한다면 우리는 늘 제자리걸음, 그 자리에 서 있어야 한다. 그러므로 스피치를 시작한 당신이라면 두려워하지 말고 지금 당장 변화를 시도하라!

말은 참 어렵지만 심플하게 생각하면 심플해진다. 말하기가 두려운가? 말하기에 발전이 없는가? 지금 당장 심플하게 말하기 공식 3가지를 실행하자!

실행과 동시에 당신의 스피치 실력은 엄청나게 변해 있을 것이다.

07

말재주 만드는
말 연습 3가지

'인싸'가 되는 연습

요즘 SNS에 '인싸'라는 단어를 해시태그해보면 사람들이 보기에 정말 신기하고 유쾌한 재주꾼들이 많다. 화장을 성형처럼 하는 사람, 노래를 가수보다 더 잘 부르는 사람, 춤을 잘 추는 사람 등 다양하다. 한 가지 재주만 가지고 있는 것이 아니다. 여러 재주가 많은 이들에게 동영상이나 사진 또는 SNS을 통해 볼거리와 에너지를 전파하면서 인기를 얻는다. 그 인기는 곧 수익화된다. '인싸'라는 것은 인사이더(insider)의 줄임말로, 아웃사이더와는 다르게 무리에 잘 섞여서 노는 사람을 말한다. 나 역시 그런 이들을 팔로우해서 그들의 재주를 보며 감탄하고 웃으며 살포시 하트를 누른다. 댓글을 달고 팬심을 표현한다. 춤, 노래, 연기, 각종 콘텐츠 속 재주에 뛰어나더라도 말재주가 없는 영상은 사실 끝까지 보지 않는다.

1인 미디어가 필수가 되면서 크리에이팅을 하는 사람이 많다. 그래서 자신만의 크리에이팅, 즉 축구를 잘한다거나, 노래를 잘 부른다거나, 애견 미용을 잘하는 콘텐츠를 SNS나 유튜브를 통해 수익화시키려고 하는데 말하는 게 부담스럽고 잘 못하겠다고 나를 찾아온다. 크리에이팅 방송은 말재주가 있어야 하는데 자신은 말재주가 없어 섣불리 나서지 못하고 좋아하는 일조차 못 하는 상황이 온다고 속상하다고 한다. 그러면 나는 두말하지 않고 말 연습을 시작해보라고 권유한다. 돌아오는 말은 다른 건 다 연습해도 되는데 말은 연습해도 잘 안된다는 것이었다. 이처럼 말은 운동처럼 운동량이 늘어가거나 근육이 올라오거나, 살이 빠지는 것처럼 표면적으로 잘 드러나는 게 아니다. 그렇기 때문에 말 연습이 더 어렵게 느껴지고 결국 금방 포기하게 되는 것이다.

말 연습을 하는 3가지 방법

말 연습을 하기 위한 3가지 방법이 있다.

첫 번째, 말 연습에 대한 부정적인 태도는 넣어둬라!

부정적 감정을 먼저 없애는 연습을 해야 한다. 말에 대한 트라우마 또는 글 읽기나 글쓰기 대한 트라우마가 우리를 잡고 있으면 우리의 연습은 항상 제자리걸음일 것이다. 부정적인 감정을 없애는 연습을 시작하려면 우선 스스로가 원하는 나의 모습을 상상해보자.

예를 들면 내가 제일 잘하는 노래를 부르고 관객과 소통하며 공감하는 진정한 싱어송라이터가 된 내 모습을 생생하게 그려보는 것이다. 그러면 어느새 내가 그렸던 그림 속 무대에 서 있는 내 모습을 발견할 수 있을 것이다. 나는 병아리 강사 시절, 카리스마를 내뿜으며 대기업에 강의를 다니는 강사님, 병아리 강사를 우월한 수탉 강사로 양성하시는 강사님, 음악회와 같은 큰 무대에서 사회를 보시는 선배 강사님들을 볼 때마다 '과연 내가 할 수 있을까?'라는 물음표에 '못하겠지.'라고 부정적인 생각이 떠오르는 것을 멈췄다. 그리고 '나는 할 수 있을 거야.'라고 얼른 생각을 전환시켰다. 그리고 항상 무대 위에 서 있는 나의 모습을 그렸다.

나는 멘트 구성까지 생각해가며 구체적인 상상을 하는 연습부터 했다. 그 연습이 쌓이고 쌓여 내가 그렸던 그림대로 나는 대기업에 스피치 출강을 다니며 병아리 강사들이 수탉 강사가 될 수 있도록 강사를 양성하고 있다. 또 지역 음악회, 취임식, 결혼식, 지역 축제 사회를 보며 살아가는 나는 내가 그린 그림의 작품 속에서 살아간다고 표현한다. 부정적이며 소극적인 태도에서 벗어나야만 나의 말이 바뀌고 그동안의 연습이 행동으로 옮겨진다. 그렇게 나의 말재주가 완성되는 것이다. 태도를 바꾸기가 쉽지 않다면 매일 감사한 일을 기록하기를 먼저 해보자. '소확행'이라는 말처럼 작지만 확실한 행복이 오게 된다. 그 행복은 자연스럽게 부정적인 생각보다는 확실하게 실현 가능하다는 긍정적인 생각으로 우리의 삶의 방향을 바꿀 것이다.

내가 운영하는 카페에는 'Thank you twinkle!'이라는 게시판이 있다. '감사함이 빛나다.'라는 뜻이다. 작은 감사부터 하면서 우리 스피치 꿈 동기들이 작은 감사를 나누고 서로 격려하고 응원하며 2배의 감사를 느낀다. 그리고 수강생들도 감사 기록을 통해 부정적이고 소극적이었던 태도가 긍정적으로 변하고 말 연습을 시작한다. 말 연습을 하고 싶다면 먼저 태도를 바꿔라!

두 번째, 대화 상대의 기준점에서 이야기하기를 연습하라!
상대의 기준점을 파악하지 못한 채로 그 말을 한다면 이야기를 한 것이 아니라 상대에게 일방적으로 떠들었다고 생각하면 된다. 상대의 기준점에서 이야기하지 않고 나의 기준점에서만 이야기한다면 오해받기 쉽고 설득력 있게 느껴지지 않는다. 나는 우리 강사진, 수강생들에게 상대가 원하는 니즈, 상황을 파악해내는 연습을 하라고 늘 강조한다.

상대의 기준점에서 상대의 니즈 상황을 파악해내는 연습은 거의 스피치를 60% 완성시킨다고 이야기한다. 상대의 니즈 사항과 생각을 빨리 캐치해내고 그 기준점으로 말하기 시작했을 때 내가 하고자 하는 말을 백발백중, 그 누구의 말보다도 호소력 있고 설득력 있는 수준 높은 대화로 느껴지게 할 수 있을 것이다.

세번째, 천재 상자와 친해져라!

예전에는 TV를 나쁜 영향만 준다고 생각하여 바보상자라고 불렀다. 하지만 이제는 천재 상자이다. 분야별 전문가들이 정보를 알려주고 빠르고 정확하며 어렵지 않게 공부할 수 있기 때문이다. 바보상자 속 전문인 중 자신의 롤모델을 선정하여 롤모델의 스피치를 관찰해보는 것도 하나의 연습이다. 영어를 잘하기 위해서 무작정 유학을 떠나 영어를 듣고 보는 연습부터 하듯이 실제로 만나기 어려운 나의 롤모델을 천재 상자를 이용해 자주 만나는 것이다. 천재 상자를 이용해 롤모델을 분석하고 많이 듣고 따라 하는 것이다.

자신이 재주가 없다고 느끼더라도 이 3가지 연습을 꾸준히 한다면 어느새 완벽한 말재주를 갖게 될 것이고, 그러면 당신은 확실한 인싸가 될 것이다.

08

지금 당장 자신감
장착하는 4가지 비법

자신감 하락의 이유

지금 우리의 주변에는 많은 사람들이 대인 공포, 발표 불안, 발음 콤플렉스, 커뮤니케이션 콤플렉스 등 어려움을 가지고 있다. 우리 사회에 살면서 말로 인연을 이어가고 돈을 벌기도 하는데 그것이 콤플렉스라면 얼마나 힘든 일인가? 콤플렉스를 겪어보지 못한 사람은 정말 그 힘든 마음을 모를 것이다.

나에게 스피치 컨설팅을 받으러 오신 귀엽고 청순한 외모의 여성분이 계셨다. 자신의 별명이 '덜덜이'라고 소개했다. 회사에서 회의를 할 때 자신의 의견과 자신이 속한 부서의 상황을 보고할 때 너무 떨려서 간단한 인사말조차도 못 하겠다는 것이었다. 그리고 자신의 인생을 통틀어봤을 때 회의란 것은 사실 정말 작은 시간이고 사소한 것인데 그 사소한 한 부분 때문에 인생이 너무 소극적이고 부정적으로 변하는 것 같다고 했다. 그런 떨리는 순간이 너무 싫다며 한숨과 함께 고민을 털어놓으셨다.

갈수록 프레젠테이션은 당연시되고 있다. 스피치로 역량을 평가받는 시대라 발표해야 하는 기회가 많아지고 있다. 발표를 하면 많이 긴장되고 내용도 생각이 안 나는 경우에는 숨이 차오르고 머리가 하얗게 변하게 된다. 이럴 때는 무척 당황스럽고 쥐구멍이라도 있다면 차라리 쥐가 되어 들어가고 싶다는 상상을 해본 적도 있을 것이다.

'덜덜이', 이분만 그런 고민이 있는 것이 아니었다. 영업직 사원이었던 분 또한 이런 고민이 있었다. 잘 보이고 싶은 상사 또는 고객을 만나면 목소리가 떨리고. 식사하는데 수저가 떨려서 식사조차도 원활하게 하지 못한다는 것이었다. 지속적인 그러한 행동으로 인해 사실 퇴사까지 생각하고 있다고 했다. 문제는 퇴사를 한다고 해도 자신의 이 문제는 평생 지속될 것이라고 생각하니 그게 더 미치겠다는 것이었다.

대인 관계에 있어서 다른 문제는 없는데 오로지 자신의 그러한 문제점 때문에 문제가 조금씩 생겨난다는 것이다. 그렇기 때문에 자신의 자신감이 바닥을 친다는 것이었다. 사실 자신이 목소리가 떨리고 수저를 떨고 숨이 차다고 느끼는 것은 본인이 느끼는 것만큼 상대는 못 느끼는 경우가 더 많다. 그러므로 자신이 가지고 있는 무의식의 불안과 긴장을 없애고 자신감을 가지는 것이 최고의 방법이다. 그런데 불안과 긴장으로 힘들어하는 분들이 제일 갖기 어렵고 힘든 것을 바로 자신감이라고 생각하시는 경우가 많다.

쉽게 자신감 장착하는 4가지 방법

자신감은 지금 당장이라도 가질 수 있다. 지금 당장 자신감을 장착할 수 있는 방법 4가지를 소개한다.

첫 번째, '이런 나도 나야.'라고 생각하며 나의 단점을 사랑해보자!

사실 고백하자면 나는 말에만 소질이 있지 손으로 하는 그리기나 만들기에는 정말 젬병이다. 그래서인지 손으로 만드는 것에서는 실수가 생기고 사고가 잇따른다. 이런 나의 단점이 사실 마음에 안 들 때가 많다. 하지만 이 단점으로 사실 나의 장점을 더 계발할 수 있었다. 또 이런 단점으로 나의 빈틈을 보여주는 인간미가 생겼다고 생각했다. 그렇게 생각하면서 나는 단점 스트레스에서 벗어났다. 그리고 손으로 할 수 있는 것을 아주 안 할 수는 없는 세상이니 나의 단점을 보완하기 위해 조금만 더 손

끝에 정성을 들여서 하면서 "제가 이런 부분을 아주 못하는 것은 아닌데 조금 못해요."라고 말하면서 싱긋 웃으며 나의 단점을 부드럽게 넘긴다.

두 번째, 너무 겸손을 떨지 말자.

지나친 겸손은 나를 바닥까지 낮춘다. 그렇기에 사람들에게 겸손하게 대하려다가 오히려 무시를 당하는 부당한 경우도 많이 생긴다. 겸손의 진정한 의미는 남을 존중하고 자기를 내세우지 않는 태도이다. 겸손은 자신을 낮출 때 쓰이는 말이 아니다. 지나친 겸손은 오히려 대인 관계나 커뮤니케이션의 관계에서 치사량의 독과 다름없다.

세 번째, 무조건 겪어라!

자신감은 비로소 겪어야 내 마음속에서 탄생한다. 하지만 겪을 때 아무런 준비도 없이 겪기보다는 어느 정도 상황에 대처하는 방법을 준비해 두고 겪어봐야 한다. 실패하는 사람은 자신의 생각과 행동을 일치시키지 못하여 실패하게 된다. 그리고 실패한 후 그저 합리화시키면서 실패한 자신에게 또 실망하고 다시는 하지 않을 것이라고 다짐하고는 그 자리에서 멈춰버린다. 하지만 실패조차도 겪어야만 자신감이 탄생하므로 멈추지 않고 더 단단히 준비한 뒤 겪어야 한다.

네 번째, 나 자신이 기적이라고 믿기!

요즘 유행하는 자기 계발 중 '기적 수업'이라는 것이 있다. 개인적인 견해로는 자신의 기적을 타인에게 배운다는 것을 이해할 수 없다. 나 자신이 기적인데 말이다. 나의 기적을 만들기 위해 나는 요즘 유행하는 소확행을 실천하고 있다. 생활 속에서 감사를 찾고 감사 일기를 쓰기 시작했다. 더한 감사를 위해 생활의 계획도 짠다. 12개월 계획은 너무 크게 느껴져 1개월 계획을 설정한다. 1개월 플래너를 감사하고 행복한 일들로만 기록하기 위해 내가 세웠던 한 달 계획이 정확하게 이루어질 것이라는 상상을 한다. 놀랍게도 1개월 플래너의 반 이상은 내가 계획했던 행복한 일들로 가득 채워진다. 이런 것이 기적 아닌가?

나는 기적을 만드는 사람인 것이다. 나 자신이 기적이라 믿고 뭐든 마음먹은 대로 잘할 수 있다는, 기적이 일어날 것이라고 긴장하지 않고 굳게 믿으면 된다.

이러한 4가지 방법으로 나의 학생들은 놀랍게도 짧은 시간 안에 크게 변화해 크고 탄탄한 자신감을 얻었다.

새로운 자신의 느낌, 그 느낌을 또 자신의 많은 다짐과 결여로 연결해 삶을 살아간다. 또 그로 인해 세상을 바라보는 시선을 바꾸고 사고방식을 바꿨다. 이제는 대화가 두려운 사람이 아닌 대화가 즐겁다고 세상에 나를 외치며 살아가는 모습들을 볼 때 대화가 두려운 이유는 자신감에서 결정되는 것이라고 본다. 이 4가지의 방법으로 지금 당장 자신감을 장착하자!

베스트 스피치

어록 자판기 김제동

"농담 아닙니다. 대부분의 사람은 무대가 아닌 마이크 공포증을 갖고 있습니다. 그것을 무대 공포증으로 착각하는 겁니다. 군인이 총을 다루듯, 적어도 마이크의 전원 및 뮤트 스위치 위치를 파악하고 마이크를 잡아야 합니다. 그런 점에서 대한민국 최고 MC들은 마을 이장님들입니다. 무대에 오르면 딱 두 명만 정해놓고 쳐다보세요. 두 명을 제일 친한 친구라고 생각하고 안방에 앉아 대화를 나누듯 풀어가는 겁니다."

"안경 쓴 사람은 안경을 벗고, 남자분들은 바지 지퍼를 내리고 무대에 올라가세요. 또 무대에 오를 때 심하게 넘어지는 것도 괜찮습니다. 고전적이고 무식해 보이지만 웃음은 사회자나 청중 모두에게 여유를 줍니다.

사회자가 두려움을 가지면 위축될 수밖에 없습니다. 어떤 방법이든 청중의 웃음이 한 번 터지면 그때부터 자신감이 붙죠."

김제동이 가르쳐주는 대중 앞에 서는 비결이다. 방송인 김제동이라는 말보다는 이제는 스피치 강연가, 어록 자판기 김제동이라는 표현이 더 어울린다. 김제동, 그의 스피치는 오버라는 것이 없다. 그리고 상대방의 반응을 들으면서 이야기하기에 소통이 된다. 그리고 직접 말하지 않고 적절한 비유를 통하여 우리에게 전달한다.

그리고 다소 듣기 거북할 수 있는 정치 이야기도 그가 솔직한 풍자를 통해 하면 재미있고 통쾌하기까지 하다. 우리는 김제동 스피치를 통해 대중을 사로잡는 그만의 유머, 편안함을 배워야 한다.

3장

잘 말하고 잘 듣는
8가지 법칙

01

긍정적인
단어로 말하라

긍정이 만든 엄청난 변화

나에게는 가장 사랑하는 사람이자 세상에서 가장 친한 친구이면서 육아 동료인 사람이 있다. 그는 꿈을 나누는 친구이기도 하고 내 꿈을 가장 응원해주는 최고의 응원자이기도 하다.

그 사람은 바로 남편이다. 그런데 정말 어디 하나 나무랄 데 없는 남편에게 딱 한 가지 문제점이 있었다. 바로 부정어의 사용이 잦은 것이었다.

"아, 힘들다."

"가기 싫다."

"휴…."

이런 한숨으로 시작하여 부정어로 끝이 난다. 이는 하루를 부정어로 시작하는 남편만의 문제가 아니었다. 부정의 언어를 말하는 사람도 힘들지만 매일 그런 부정어를 듣고 지내고 있는 나도 많이 힘들었다.

어느 날 부정어로 하루를 시작하고 하루 종일 부정적인 말로 채워가고 있는 내 모습을 발견했다. '이대로는 안되겠다.' 싶어 남편과 대화를 했다. 언제까지 이렇게 부정어로 계속 말할 것인지 내 삶을 채워갈 때 나는 긍정과 열정 그리고 다정으로 채워가고 싶은데 당신은 어떠냐고 물었다. 나의 물음에 대해 남편은 곰곰이 생각해보더니 마음대로 되지 않는 일들 때문에 부정이 더 커졌다고 고백했다. 그리고 자신도 이런 자기가 싫다고 했다. 그래서 우리 부부는 함께 결심했다.

"인생을 무조건 재미있게 살려면 긍정을 키워야 한다."

긍정을 키우기 위해서 우리 부부가 제일 먼저 실천한 것은 다양한 상황 속에서 긍정의 단어를 찾아 표현하는 게임이었다.

먼저 남편이 부정어를 몇 번 쓰는지 혹은 내가 부정어를 몇 번이나 쓰는지 세어보았다. 그리고 부정어의 수보다 더 많은 긍정의 단어를 찾아 말했다. 이러한 노력으로 우리 부부는 부정에서 벗어나려고 시작한 단순한 게임에서 엄청난 결과를 얻었다. 어떠한 상황에서도 우리는 긍정적으로 말할 수 있고 긍정적으로 세상을 보는 시선을 가지게 되었다. 이뿐만이 아니었다. 부정의 단어로 시작하던 남편의 아침에 긍정이 피어나기 시작했다. 표정도 좋아졌고 행동력도 강해졌다. 단순히 긍정적인 단어를 찾아내는 게임이 우리 부부를 제대로 사랑하고 살아갈 수 있게 만들어줬다. 쓸모없는 생각으로 에너지를 소모하는 일이 줄었다. 또 사람을 무작정 미워하지 않고 상대방을 존중하고 인정하는, 스트레스 없는 쾌적한 삶으로 만들어줬다.

어제보다 오늘이 더 쾌적하고 싶은가? 당장 지금부터 긍정의 단어로 말하자! 지금이라도 긍정의 단어를 외쳐라.

"이 책에게 정말 고마워. 이 책을 통해 나는 성장했어."

썩 내키지 않아도 긍정의 단어로 말해보는 게 중요하다.

긍정 도둑의 몽타주

혹시 주변에 긍정 단어 방해꾼이 있는가? 그 사람은 나의 긍정을 훔쳐가는 도둑이다.

당신의 긍정을 훔쳐가는 도둑은 절대로 옆에 두어서는 안 된다. 당신의 긍정을 훔쳐가는 긍정 도둑의 몽타주를 알려주겠다.

1. 만나면 정신이나 마음이 혼란스럽다.
2. 욕으로 시작해서 욕으로 끝나는 말버릇.
3. 한숨으로 시작해 한탄으로만 이루어진 비관적인 대화만 하는 사람.
4. 좋은 생각은 여유 있는 사람만 하는 것이라고 긍정을 부정으로 만드는 사람.

대표적 4가지 몽타주로 긍정 도둑을 잡아라! 도둑을 잡았다면 처리까지 잘해야 한다. 만약 잡을 수 없다면 피해라! 잡을 수 없을 때 피하라고 했다고 무작정 긍정 도둑을 피하면 안 된다. 지혜롭게 피해야 한다. 사실 긍정 도둑을 잡아서 처리하는 것, 긍정 도둑을 지혜롭게 피해가는 법은 같다. 감사 일기다.

"오늘 나는 긍정 도둑 OOO 씨를 만났다. OOO 씨가 긍정 도둑임을 알아냈다. 긍정을 훔쳐 달아나는 도둑임을 아는 나의 지혜에 감사하다. 부정을 보고 판단하는 나의 놀라운 능력, 긍정의 재능을 발견하게 되어 참 감사한 하루이다."

이렇게 감사 일기로 기록하는 것이다. 감사로 성공한 여성 오프라 윈프리는 이렇게 말했다.

"당신이 가진 것에 감사하면 더 많이 가지게 될 것이다. 그러나 당신이 가지지 못한 것에 집중하면 영원히 만족스럽지 못할 것이다."

감사는 굉장한 긍정을 이끌어온다. 감사 일기는 긍정적인 단어를 찾게 되고 감사를 통하면 나 자신의 진정한 행복과 직접적으로 만나게 된다. 긍정의 다른 말은 확신과 믿음이기도 하다.

긍정이란 단어의 힘을 정확하게 믿고 확신하고 사용할 때 나의 태도는 긍정적으로 변하게 된다. 긍정적인 자세는 나의 부와 지혜를 만든다. 나의 인생이 더욱더 빛나게 돕는다. 긍정에 대한 확신과 믿음 없이 무작정 긍정을 쫓아간다면 어느 한 부분에서 태도의 빈곤이 나타나기 시작한다.

인생은 온전히 우리 자신의 것이다. 절대 나의 인생을 남이 대신 살아주지 않는다. 그렇기에 내 인생은 내가 선택하고 결정지어야 한다. 지금 당장 대인관계가 좋아지고 싶은가? 내 주변에 좋은 영향을 미치고 타인의 롤모델이 되고 싶은가? 성공하고 싶은가?

지금 당장 자신과 만나는 사람이 긍정 도둑의 몽타주에 해당하는지 확인하라. 그리고 부정으로 시작되는 태도의 빈곤은 절대적으로 사양하라. 확신과 믿음인 긍정의 단어로 감사 일기를 쓰며 긍정의 단어 수를 늘려보자.

긍정적 단어가 생각의 시작을 만들고 감정을 만든다. 감정은 스스로를 긍정적인 태도로 만들고 긍정적인 태도는 긍정의 행동을 낳게 된다. 그렇게 되면 결과적으로 우리는 우리가 바라는 모습을 만든다. 진정 바라던 나 자신을 행복으로 만나게 될 것이다.

인생은 원래 힘든 것이다. '나는 할 수 없다.' '불가능하다.' '기회는 한번 왔다가 가면 다시는 오지 않는다.' 등등 이러한 긍정 도둑은 우리의 긍정을 제한시킨다. 이제부터 나를 표현하는 단어에서 부정은 멀리 보내버리자. 긍정의 확신을 가지고 제일 가까운 사람에게 소리 내어 말하자. 크게 외쳐보자.

"나는 내 운명을 스스로 만들어가는 창조자이다. 어느 그 누구도 내가 허락하지 않는 한 내게 부정을 줄 수 없다. 나는 긍정적이다. 나는 할 수 있다."

  긍정적인 단어의 힘은 어마 무시하다. 내 인생을 변화시키는 가장 간단한 방법이기도 하다. 사람과 사람이 줄지어 있는 우리 사회적 대인관계는 도미노와 같다. 부정으로 이야기가 시작되면 모두가 부정의 이야기에 참여하게 된다. 하지만 긍정의 이야기로 시작되면 모두 긍정의 이야기에 참여할 수 있다. 누가 처음 도미노를 긍정으로 쓰러트릴 것이냐가 관건이다.

  이제 나 자신이 긍정의 파워로 나를 둘러싸고 있는 대인관계 도미노를 먼저 긍정으로 쓰러트려 모두를 긍정적이게 만들어보자. 작은 행동이지만 큰 힘을 보여줄 것이다. 지금 바로 긍정의 단어로 도미노를 시작하자. 이렇게 좋은 효과를 가지고 오는데 긍정적인 단어로 말을 안 할 이유가 없지 않은가?

02

열심히 말하는 것보다
잘 들어라

최고의 검객

"최고의 검객은 결코 칼을 먼저 뽑지 않는다."라는 말이 있다. 최고의 검객만 그러는 것일까? 아니다. 최고의 스피치를 하는 사람도 말을 먼저 꺼내지 않는다. 말이 많으면 실수가 많은 법이다. 최고의 스피치는 상대방이 말하는 소리에 귀를 기울이는 것이다.

먼저 상대방의 이야기를 충분히 듣고 상대의 상황과 말에 대한 의미와 뜻을 천천히 파악한다. 상대와의 이야기가 끝난 후에 그동안 천천히 파악했던 내용을 정리하며 상대에게 맞춰 잘 정리된 말을 한다.

당신은 중요한 미팅이나 낯선 사람을 만나 이야기를 할 때 말을 주도

하는 사람인가? 아니면 열심히 말하는 상대의 말을 잘 들어주는 사람인가?

　말을 먼저 주도하는 사람이라면 당신은 당신이 알고 있는 지식으로 시작했을 것이다. 이런 유형은 지식인에 가깝다. 하지만 열심히 말하는 상대의 말을 잘 들어주는 사람은 지혜인에 가깝다.
　말을 잘하는 사람은 상대에게 재미의 귀를 선물해준다. 하지만 잘 듣는 사람은 상대에게 깊고 따뜻한 유일무이한 마음을 선물한다. 상대에게 주는 선물은 당신의 선택이다.
　하지만 당신이 상대에게 선물 받고 싶은 건 무엇인가? 세상 유일무이한 마음의 선물일 것이다. 말없이 상대에게 마음을 선물한다면 상대는 단 한 치의 의심도 없이 당신에게 마음을 열고 오히려 당신에게 더 큰마음을 선물할 것이다. 어떠한 큰 표현 없이 상대의 마음을 움직이는 일, 열심히 말하는 것보다 잘 듣는 일은 어렵지 않다.

　친구가 힘든 일로 당신을 찾아와 고민을 나누는데 이야기를 듣고 위로나 충고를 친구보다 더 많이 한다면? 그저 친구의 이야기를 묵묵히 들어주고 고개를 끄덕여주며 친구가 한숨 쉴 때 같이 쉬고 울 때 같이 울어주는 친구라면? 당신은 어떤 친구가 좋은가?

가족, 친한 친구의 관계에서도 많은 말은 결국 독이 된다. 잘 들어라. 듣는 것은 힘이 되고 위로가 된다. 말을 많이 하지 않아도 충분히 상대를 이해하고 상대에게 위로의 이야기가 될 수 있다. 이것은 마음을 안아주는 행동과도 같다. 사람의 마음을 열고 움직이게 하는 힘은 바로 잘 듣기에 있다.

정말 신기한 것은 잘 들으면 낯선 상대든 중요한 비즈니스 상대든 상대가 필요한 것을 말하게 하는 마법이 일어난다. 니즈나 상황을 바로 파악할 수 있는 최고의 마법이다. 잘 듣기란 진귀한 능력을 가지게 되는 것과 같다. 하지만 무작정 계속 듣기만 한다면 상대가 말을 멈출 수 있다. "미안하네요. 나 혼자 떠들었군요."라는 말과 함께 멈출 수도 있다. 이러한 상황은 제대로 듣기가 되지 않은 것이다.

들을 때에는 상대의 이야기에 긍정의 반응이 있어야 한다.

"오, 그렇군요." 같은 긍정적인 반응의 말이다. 그리고 상대의 말을 이끌어갈 질문 또한 곁들여야 한다. "어떻게 그렇게 되는 거죠?" 등 적당한 붙임성을 추가해서 잘 들어야 한다.

열심히 말하는 척 잘 듣기

잘 듣기의 스킬은 리포터들이 인터뷰하는 것을 보면 알 수 있다. 예를 들어 지금부터 연예인을 인터뷰하는 리포터를 떠올려보자.

리포터: "잘 지내셨어요?"
연예인: "네, 잘 지냈어요. 그동안 영화도 찍고 CF도 찍으며 바쁘게 보냈어요."

상대의 이야기를 잘 듣고 있으면 반드시 상대의 말 속에서 다음 질문의 힌트가 보이는 것이다. "오, 어떤 영화랑 어떤 CF였나요?" 같이 상대방의 말속에서 힌트를 찾고 다음 질문을 하는 것이다. 이때 상대의 이야기를 잘 들어주기 위해서는 상대의 대답에 나 혼자 결정짓고 예상하고 "~그래서 그렇겠지." 미리 멋대로 단정 짓는 것은 금물이다. 인터뷰도 대화다. 대화는 사람과 사람 사이에서 일어나는 것이고 대화로부터 신체에 화학적 반응까지 일어나는 것이다. 그날의 시간, 온도, 습도, 바람의 세기, 공간 분위기에 따라 대화가 좌우될 수도 있다. 그러므로 열심히 말하는 것은 무리수일 때가 많다.

톨스토이는 "사람이 깊은 지혜를 갖고 있을수록 그의 말은 더욱 단순해진다."라고 말했다.

귀 두 개와 혀 하나를 가진 것은 적게 말하고, 남의 말을 좀 더 잘 들으라는 것이다. 유명한 제논 또한 이러한 말을 했다.

"이들이 왜 이런 말을 남겼을지 우리는 심히 생각해보아야 하며 분명히 지금 우리의 행동을 체크해보아야 한다."

03

경청하는 사람이
말도 잘한다

말 잘하기 위한 잘 듣기

상대를 내가 원하는 사람으로 만들고 싶다면 그 사람의 말을 잘 들어야만 한다.

상대의 말을 잘 듣다 보면 말을 통해 그 사람이 원하는 것과 필요한 상황을 판단할 수 있기 때문이다. 소통을 잘 못하는 사람은 상대가 필요로 하는 것을 파악하려고 대화를 시작했다가 오히려 필요 파악을 잘못 하거나 아예 파악하지 못하고 끝나는 경우도 많다. 상대가 원하고 필요한 것을 파악한다면 상대가 듣고자 한 대답을 해줄 수 있고 상대에게 호감형 파트너가 된다.

무작정 들어주는 것만으로는 호감형이 되지 않는다. 경청에도 자세가 필요하다. 경청의 자세는 어렵지 않다. 상대방 얼굴이나 제스처 등에 집중하면서 끼어들거나 다른 생각을 하지 않으면 된다. 그리고 자신의 능력에 따라 상대방의 특정 감정 상태, 성격, 가치관 등을 파악해야 한다. 말하는 의도를 잘 파악하면서 질문을 하거나 듣는다면 그것이 최고의 경청인 것이다. 말을 듣는다는 것은 지킬 것만 지키면 된다.

상대방의 말을 무시하지 않기. 상대방의 말을 무시하지 않기 위해 듣는 시늉만 하는 것도 안 된다. 자신에게 재미있는 내용으로 말할 때만 호감을 보이는 것도 안 된다. 질문을 하거나 너무 티가 나는 선택적 듣기는 피해야만 한다. 잘 듣고 공감대를 잘 형성하려면 대답 또한 놓칠 수 없다. 부정적 발언으로 그 사람에 대해 조언하려고 할 때 또는 이건 이래서 안 되고 저건 저래서 안 되니 내 생각처럼 해보라는 말을 하는 것도 삼가야 한다. 명탐정 코난이 범인을 잡듯이 심문하고 조사하는 어투처럼 "언제? 누가? 왜? 그래서?"라고 묻는 말도 굉장히 좋지 않다.

최고의 화술이 경청이다

예를 들어 당신의 직장에서 당신의 말을 잘 따르던 후배가 커피 한잔을 사 들고 찾아왔다. 자신이 그토록 꿈꾸던 기업에 입사했는데 자신의 삶이 더 비참해지고 불행하다는 이야기를 한다면 당신은 후배에게 어떤 조언을 해줄 것인가? 어떤 위로를 해줄 것인가? 그런 상황에서는 동정도 위로도 필요 없다. 그때는 그저 후배의 이야기를 들어주는 것이 최고의 위로이다.

상대의 이야기를 들어주기만 했을 뿐인데 상대는 마음을 알아줬다고 이야기하며 스스로 변화하고 힘을 낸다. 건성으로 듣는 것은 상대를 내 편으로 만들지 못한다. 말을 잘하는 것은 '화술'이다. 하지만 듣기를 잘 하는 것은 '경청술'이라고 한다. 말을 잘하기 위해서는 치밀하고 계획적이고 세밀한 고도의 기술이 필요하다.

경청술 중 가장 최고의 기술은 바로 내 이야기처럼 듣는 것이다. 타인의 이야기를 내 이야기처럼 듣다 보면 감정 이입이 되고 감정 이입이 되면 자연스럽게 집중하게 된다. 그리고 표정과 동시에 제스처도 상대의 마음과 같이 변하기에 상대방의 공감을 불러일으키기 더 쉽다. 하지만 격한 감정 이입으로 문제화시키는 것은 피하는 게 좋다. 문제화시키지 않는 선에서 이해하고 상대의 말을 귀히 듣는 기술이 필요하다.

경청하는 사람은 말도 잘한다. 경청의 효과로 말을 잘하고 싶다면 상담 전문가처럼 들어라. 상담 전문가는 누구보다 사람을 객관적이고 과학적으로 이해하는 사람이다. 상대를 이해하는 상담 전문가처럼 이해하면서 상대가 말하고자 하는 것과 결여 사항을 조용히 판단하면 된다. 그리고 상담 전문가처럼 어느 누구와도 대화를 나눌 모든 준비를 갖춘 상태에서 존중감을 표하라. 상대를 똑바로 쳐다보는 아이 컨텍이 아니라 따뜻한 눈길 처리 또한 경청에 속한다.

눈길 속에는 "당신과의 이야기가 오늘 저에게 뜻 깊습니다."라는 스토리가 담겨 있어야 한다. 상대방이 이야기를 할 때 관찰하듯 무언가를 찾아내려는 듯한 눈으로 쳐다본다면 상대는 불편함에 이야기를 제대로 하지 않을 것이다. 내 이야기가 아니고 상대의 이야기가 재미가 없다면 100%의 공감도 일어나지 않아 힘들 것이다. 하지만 상대에게 몸을 기울이고 귀를 기울이는 몸짓도 굉장히 중요하다. 상대에게 굉장히 집중했다는 느낌을 줄 수 있다.

좋은 이미지와 함께 상대의 마음을 사며 상대의 요구 사항을 알아내는 최고의 스피치 주인공은 바로 경청하는 사람이다.

미국의 유치원이나 초등학교에는 아이들 교육에 'show & tell'이라는 수업이 있다. 'show & tell' 수업은 자기가 가져온 물건을 친구와 선생님 앞에서 보여주고 다른 사람의 참견이나 질책 없이 몇 분 동안 이야기를 하는 시간이다. 아이들은 이 수업을 굉장히 좋아하고 행복해한다. 자기가 좋아하는 장난감부터 시작하여 집에서 키우는 애완동물을 데려오기도 한다. 지금은 고장났지만 예전에 아꼈던 물건도 들고 나온다. 무슨 말을 할지 미리 생각해보고 소개할 주제에 대해 생각하게 되는 수업이다. 'show & tell' 수업의 핵심은 발표에 대해 비판이나 평가는 절대 하지 않는 것이다. 비판이나 평가가 없다는 것은 마음과 마음이 이어진다고도 볼 수 있다. 그리고 발표자의 이야기에 인내심을 가지고 귀 기울여 경청하는 연습을 하는 시간이기도 하다. 경청은 자기의 생각을 잠시 멈추고 상대가 있는 그대로 이야기에 집중할 수 있도록 도와주는 것이다. 그러면 경청을 통해 인내심을 가지고 상대의 이야기에 귀 기울이던 사람도 상대의 마음 깊은 곳을 들여다보고 이해하게 된다. 그래서 더 넓은 폭으로 표현할 수 있는 말의 실력을 가지게 되는 것이다.

상대와 함께 마음을 느끼는 일, 말을 더 잘하게 될 수 있는 방법은 바로 경청이다.

04

첫마디에
집중하라

사로잡은 첫마디가 성공한다

"당신은 이 책을 읽지 않는다면 무식함으로 빠질 것이다."

기분 나쁘지만 뭔가 그래도 읽어야 할 것 같은 불안감이 든다. "일곱 명에게 이 편지를 돌리세요. 당신에게 행운이 생깁니다."라는 첫마디로 시작하는 행운의 편지처럼 말이다.

모든 대화에는 첫마디가 존재한다. 그리고 대화의 첫마디는 중요하다. 말하기 기술 중 첫마디에 집중하는 기술은 고도의 세밀한 핵심 기술이다. 첫마디가 잘못되는 순간 말하기가 모두 잘못된다. 옷을 입을 때 첫

단추를 끼우는 작업과 같다. 잘못되는 것을 알고 대화에 심폐소생술을 아무리 해봐도 늦은 것은 늦은 것이다. 이미 죽은 대화이다. 대화를 잘하려면 첫마디에 목숨을 걸자. 첫마디로 상대를 사로잡게 된다. 말하기의 첫마디에서 상대의 호감과 관심을 이끌어낸다. 그리고 첫마디로 성공하면 이 대화의 주도권은 당신에게 있다. 일명 말 잘하는 사람이 된다. 그뿐만 아니다. 상대는 당신의 이야기를 끝까지 귀 기울여 듣는다. 빠르게 돌아가는 이 시대에 자기 말을 하기도 바쁘다고 느끼는 사람이 첫마디부터가 따분하고 재미가 없는데 당신 말을 듣고 있겠는가? 차라리 그 시간에 다른 일을 하는 것이 낫다고 판단할 것이다. 상대의 마음을 얻고 싶다면 첫마디에 집중하자.

첫마디 잡기

첫마디를 잘하기 위한 방법은 6가지가 있다.

첫 번째, 첫마디에 마음을 담아라!

마음을 담은 첫마디는 상대의 마음을 공감으로 일렁이게 한다. 마음을 담은 첫마디는 상대의 마음을 분명히 움직이게 한다. 내가 하고자 하는 말보다는 상대가 듣고 싶어 하는 말을 찾아보는 것이 상대를 위한 마음이다. 내가 말하고자 하는 첫마디는 조금 뒤로하고 상대가 무엇을 원하고 무엇을 듣고 싶어 하는지 찾아보고 상대를 위한 첫마디를 열어가자. 말하기 전에 첫마디에 집중하는 습관을 기른다면 이제 당신의 말하기 실력은 아무도 따라갈 수 없게 된다.

두 번째, 당신의 말이 상대에게 기회를 줄 수 있는 것처럼 이야기하라!

'지금 아니면 말 못 해주는 건데.', '너라서 이야기해주는 건데.'처럼 말이다. 홈쇼핑에서 왜 늘 마지막 기회라고 하면서 수량 제한을 두는 것일까? 고객님들의 앙코르 쇼핑 요청이 많아서 시작했고 지금이 아니면 안 된다고 이야기를 한다. 사람은 뇌의 동물이다. 첫마디로 절박한 심리를 만들어 이용하는 것이다. 절박한 심리는 행동으로 이어지게 만든다. 그래서 홈쇼핑은 늘 당신의 집으로 택배를 보내게 되어 있다.

세 번째, 왜? 라는 물음표가 생기도록 하라!

"여자를 진정으로 알고 싶다면 남자에게 물어라." 여자를 진정 아는 것은 여자 아닌가? 내용에서 살짝 어긋나게 첫마디를 던져라! 상대는 분명 나에게 "왜?"라는 질문을 던질 것이다.

그렇다면 당신은 다시 한 번 더 발언권을 얻게 된다.

네 번째, '그런 게 정말 가능할까?' 하는 첫마디로 흥미를 유발해라!

"저기 대게 사장님이 한 달 동안 장사한 것보다 15일 장사만 하는 것이 장사 매출이 더 높대." 정말 그럴 수 있을까? 그럴 가능성이 있을 듯 하지만 없을 듯하기도 하다. 하지만 어쩌면 그럴 수도 있을 것 같다는 생각에서 흥미 유발이 된다. 흥미를 유발하는 첫마디도 기술이다.

다섯 번째, 우리가 아는 상식과 반대로 이야기하라!

"늦었다고 생각할 때가 가장 늦은 것이다." 연예인 박명수 씨가 한 말이다. 박명수 씨의 말은 우리가 알고 있는 말과는 반대이다. "늦었다고 생각할 때가 가장 빠른 것이다."라는 늘 듣던 당연한 이야기를 반대로 이야기하면서 우리는 첫마디에 집중하고 더 크게 공감하게 된다. 늘 자기가 듣고 생각하던 것과 다르기에 말도 안 된다고 생각하지만 어쩌면 그럴지도 모른다는 생각에 진지하게 들어볼 가능성도 크다.

여섯 번째, 사람이라면 누구나 나에게 이익이 되는 것을 좋아한다. 손해 보는 것을 좋아하지 않는다. 즉 이익성이 있는 첫마디를 하라!

자기 자신에게 이익이 되는 것을 싫어하는 사람은 없다. "이번엔 100% 야!", "그 사람 부자 된 것, 진짜 처음부터 부자가 아니라 이거 하나로 부자 된 거야. 100% 최소한의 투자로 최대의 성과를 낼 수 있는 아이템이야." 인간은 이익을 추구하기 때문에 좀 의심스러운 말이라고 생각해도 어디 한번 들어나 보자 해서 결국 이야기를 듣게 된다. 뻔한 의심이지만 말이다. 하지만 사람은 하지 말라면 더 하고 싶어 한다. 또 이건 아닌 것이라고 생각해도 한번 해보고 싶은 반대의 욕구가 있다. 그래서 결국 이야기를 듣게 된다.

이렇게 6가지의 첫마디를 집중시키는 기술에서 주의할 점은 망설여지는 말은 절대 하지 않는 것이 좋다. 괜히 연습해보려고 가볍게 던졌다가는 당신의 말하기는 빈 수레처럼 요란해지기 쉽다. 망설여지는 첫마디는 하지 않는 것이 좋다. 차라리 첫마디를 던지지 않는 것이 낫다는 것이다. 훌륭한 말은 어느 날 갑자기 나오는 것이 아니다. 첫마디에 집중하고 연습하다 보면 어느 날 최고의 화술 능력이 솟아난다.

첫마디를 집중해서 연구하다 보면 연구의 결과는 당신에게 최고의 화술을 안겨줄 것이다.

바쁘게 돌아가는 이 세상에서 무작정 기술 없이 말하기만 한다면 상대가 당신의 말을 언제까지 들어주겠는가? 지금 세상은 너무나도 빠르게 돌아가고 있다. 우리는 그만큼 바쁘다. 상대를 사로잡는 첫마디 시작으로 당신이 하고자 하는 말을 다 하고 상대를 사로잡아라! 사람을 첫마디로 사로잡는 일, 그것이 진정한 성공이다! 말하기를 잘하려면 첫마디에 집중해라.

베스트 스피치

이제 UN 여성 친선 대사로 나선 엠마 왓슨

'섹시하다, 돈을 잘 번다, 예쁘다, 매력적이다, 연기 잘한다.' 라는 타이틀로 사랑받는 그녀, 바로 엠마 왓슨이다. 엠마 왓슨은 영화 '해리포터' 시리즈의 '헤르미온느'로 알려져 있다. 하지만 그녀는 이제 UN 여성 친선 대사 연설가로 더욱더 유명해졌다.

그녀는 영국 변호사였던 재클린 루이스비스와 크리스 왓슨의 딸로 파리에서 태어났다. 그러나 부모님의 이혼으로 엄마와 남동생과 함께 옥스퍼드셔에 살면서 주말에는 런던에 있는 아빠 집에서 지내며 교류했다. 엠마 왓슨은 어릴 적부터 스피치 능력이 뛰어났다. 7세에 학교에서 주최한 시 낭송 대회에서 학년 최우수상을 수상하며 교내 주요 연극에도 참여했다.

그러다 엠마 왓슨은 조앤 K. 롤링의 베스트셀러인 『해리포터와 마법사의 돌』을 각색한 영화에 캐스팅되면서 영아티스트 어워드 여자 신인상을 수상했다. 그녀는 '해리포터' 시리즈 8편까지 출연하며 번 재산만 400억 원 정도로 2009년에 '지난 10년간 가장 많은 돈을 번 여배우'로 기네스북에 올랐다. 그리고 그녀는 UN 여성 친선 대사로 임명받았고 "내가 아니면 누가? 지금 아니면 언제?"라는 스스로의 자문을 구하라는 스피치로 양성 평등 캠페인 연설에서 각광받았다.

우리는 엠마 왓슨의 스피치에서 엠마 왓슨의 멘트로 구축되지 않은 스스로의 기준과 가치를 거짓 없이 소리 내는 모습을 배워야 한다.

05

시선을 끄는
말투로 말하라

진정한 시선으로 진정한 시선받기

요즘 사회에는 남의 시선을 신경 쓰며 살아가는 사람들이 엄청 많다. 보여주기식의 행동과 들려주기식의 스피치가 난무하는 사회이다. 남의 시선에 의해 자신의 체면, 자신의 신세 등을 신경 쓰는 사람이 너무 많다는 것을 스피치 상담을 통해 많이 느낀다.

성인 학생이 나에게 예약 없이 상담을 하러 불쑥 찾아오셨다. 상담을 깊이 오래 나누기 위해 예약제로 운영하는 나로서는 너무 당황스러운 일이었다. 불쑥 찾아온 학생은 이리저리 눈동자를 굴리며 어쩔 줄 몰라 하며 학원 앞에 가만히 서 있었다. 나를 쳐다보는 눈빛도 불안하게 흔들렸다. 그의 상담을 거절하면 안 될 것 같다는 생각이 들었다. 날씨가 더워 먼저 그에게 시원한 아메리카노를 한 잔 드렸다. 그리고 본격적으로 상담을 시작했다. 그는 이야기했다.

"남의 시선을 너무 신경 써서 스스로 너무 피곤해요. 그리고 일상생활까지 문제가 생겼습니다. 그럴 필요가 없다는 것을 알지만 나를 대하는 사람들의 표정, 말투 하나하나가 다 신경이 쓰여요. 어릴 적부터 남들 시선을 많이 신경 쓰는 아버지 덕분에 남들 눈에 어긋나지 않아야 한다는 강박관념으로 살아왔습니다. 이러한 강박관념으로 너무 피곤해하고 소극적으로 변하는 저 자신이 불쌍하고 이대로는 못 살겠다는 생각이 들어 이렇게 찾아왔습니다."

스피치 컨설팅 전문가로 살아오면서 이런 사례를 무수히 보게 된다. 이렇듯 심리 작용이 나의 말하기에 영향을 미친다. 스피치는 심리 솔루션까지 해내야 하는 경우가 생긴다. 나는 그에게 말했다. 있는 그대로 시선으로 느끼라고, 진정한 시선을 느껴야만 시선을 제대로 끌 수 있고 제대로 받는 시선은 괴로운 일이 아니며 행복한 일이라고 전했다.

이솝 우화에도 당나귀를 장에 내다 팔려고 아버지와 아들이 당나귀를 끌고 장으로 가면서 생기는 이야기가 있다. 지나가던 사람이 "왜 힘들게 걷느냐, 나귀를 타고 가면 편할 텐데."라고 말한다. 그 말을 듣고 남들의 시선 때문에 아버지가 당나귀를 타고 아들이 끌고 가다가 또 다른 사람이 "나쁜 영감, 어린 아들만 걷게 하는군."이라고 말하는 소리를 듣게 된다. 그러자 또 시선 때문에 아들을 당나귀에 태우고 아버지가 걷다가 지나가는 사람이 "같이 타고 가면 될 텐데."라고 말한다. 그 소리에 당나귀에 아버지와 아들이 둘 다 타고 가자 또 한 사람이 "저러다가 당나귀가 죽겠군." 하고 말한다. 그 소리에 당나귀를 업고 가다가 당나귀가 다리를 건널 때 놀라서 그만 모두 물속에 빠지고 만다.

이 우화처럼 소신 없이 타인의 시선으로만 살아가는 것은 결국 아무 만족도 줄 수 없다. 이 이야기는 자신의 소신 없이 남의 말만 듣다가는 소중한 것을 모두 잃어버리게 된다는 교훈을 준다. 이 이야기처럼 우리는 타인의 시선에 얽매여 우리의 인생을 버리고 타인의 눈에 보이는 인생을 살아가려고 한다.

타인의 눈에 보이는 인생으로 살려고 한다는 것은 단 한 번도 제대로 된 시선을 못 느끼고 못 받아봤기 때문에 생기는 일이라고 생각한다. 타인의 시선에 얽매이고 타인의 목소리로 내 삶을 살아가는 것보다는 자신의 마음의 소리를 제대로 내고 들으며 사는 것이 더 멋질 것이다. 제대로 된 시선을 느끼고 제대로 된 시선을 받자. 제대로 시선을 끌려면 어떻게 해야 할까? 나의 소신과 행복을 느끼게 하는 말투가 타인의 시선을 끌게 한다.

말투는 체온과 같다

얼굴이 예뻐서 쳐다보는 시선은 오래가지 않지만 말투가 예뻐서 시선을 끄는 사람은 오랫동안 타인의 시선을 받게 되어 있다.

말투는 정말 사람의 체온과 같다. 조금만 낮게 말을 하면 차갑다고 말한다. 조금만 높게 말해도 에너지가 넘친다는 소리를 듣게 된다. 말투만 바꿔도 시선을 끌게 되는 게 마법의 스킬이다. 말레이시아의 에어아시아 최고 경영자이자 퀸즈 파크 레인저스 FC 구단주인 토니 페르난데스가 한국인 여성과 2년여간에 걸친 열애 끝에 결혼했다. 외신에서는 특히 우리 한국인들의 반응이 뜨거웠다. 말레이시아의 스티븐 잡스라고 불리는 그는 아주 멋진 남자였기 때문이다. '믿을 수 없는 것을 믿고, 불가능한 것을 꿈꾸고 절대 안 된다고 대답하지 말자.'가 그의 좌우명이다. 그는 최고 경영자라는 부의 이유로 시선을 끌기도 했지만 한국을 방문하고 학생들에게 좌우명 메시지를 확신에 찬 말투로 전하면서 더욱더 시선을 끌게 되었다. 많은 이들의 존경의 시선을 끌게 되었다. 말투는 논리와 감성을 모두 가지게 한다.

더 쉽게 말하자면 사람의 시선은 말투의 온도에서 시작되어 논리로 간다. 감정은 공감을 일으키고 그 공감은 또 다른 공감을 낳는다.

말투 온도 재기

이쯤 되면 나의 말투를 점검해봐야 한다. 나의 말투는 어떠한가?

자신의 말투가 마음에 들지 않는다면 시선을 끄는 비밀 말투를 열 수 있는 4단계 방법이 있다.

1단계: 내 말투보다는 네 말투

말투를 어떻게 시작해야 할지 모를 때에는 먼저 상대의 말투를 통해 상대를 파악할 수 있게 상대의 말투에 귀를 쫑긋 세워라. 내 말투보다는 네 말투에 더 집중하라.

2단계: 내 이야기든 네 이야기든 높은 코로 만들어라.

어떤 사람은 누군가를 소개할 때 "안녕하세요. 저희 스피치 동호회에 새로 들어오신 회원님을 소개합니다. 이분은 정말 말을 심하게 더듬어 '더듬이'라는 별명을 가지고 있는 분입니다. 더듬거리는 말투를 저희 스피치 동호회에서 고치고자 가입하셨습니다."라고 정말 있는 그대로 솔직하고 정직하게 소개를 해버린다. 정말 있는 그대로 솔직하게 이야기하면 새로운 소개 자리에서 상대는 오히려 주눅 들고 당신과 거리를 두게 된다. 정직한 사람, 솔직한 사람은 신뢰를 받을 수 있지만 시선이나 인기를 끌 수는 없다.

"안녕하세요. 저희 스피치 동호회에 새로 들어오신 회원님을 소개합니다. 이분은 자신에 대한 사랑이 넘치시는 분이에요. 열정적인 분이 가입하셨기에 저희가 영광으로 생각해야 합니다."라고 코를 높여주는 이야기를 하자. 그렇다면 상대는 자신의 소개 자리에서 기분 좋음과 동시에 자존감도 높아진다. 그리고 당신에게 고마워할 것이다. 저절로 상대와의 관계가 돈독해질 것이다. 많은 사람의 시선을 받게 된 그는 당신만 쳐다보게 될 것이다. 이렇게 좋은 효과가 있는데 왜 당신의 코를 스스로 낮추는가? 지금부터는 당신의 코를 세워라. 내 이야기든 네 이야기든 요즘은 코 높은 사람을 예쁘다고 한다는 것을 잊지 말아라! 당신의 말투에서 항상 높은 코를 유지하라.

3단계: 고구마와 사이다의 궁합 말투

상대에 대한 답답함, 뜨거운 분노가 치밀어오르는 이야기를 들어줘야 하는 상황이 종종 생긴다. 이런 상황을 설명하는 상대는 고구마를 연속으로 열 개쯤 먹어 소화되지 않는 상태의 답답함으로 이야기하는 경우가 많다.

"좋은 게 좋은 거라고 그냥 좋게 생각해."

"너도 잘못한 게 있겠지."

"사람은 원래 그래."

이렇게 고구마를 더 까서 먹여주는 식의 말투보다는 시원한 사이다처럼 이야기해주는 것이다. "야! 너 진짜 대단하다. 그걸 가만히 놔뒀냐?", "정말이야? 뭐 그런 경우가 다 있냐? 내가 가서 확! 해버릴까?", "야, 걱정하지 마. 똥차는 누가 봐도 똥차야."라고 상대의 감정에 공감하고 감정을 풀어주는 사이다 말투로 고구마로 답답해진 속을 시원하게 만들어주자. 그게 바로 말투의 궁합을 맞추는 일이다.

4단계: '관세음보살, 할렐루야, 아멘' 말투

"널 무조건 믿어."라는 믿음이 있는 말투는 언제나 통한다. 믿음의 말투 시너지는 상대에게 엄청난 작용한다. "엄마는 우리 딸 언제나 믿어." 전폭적으로 딸을 신뢰하는 말투는 딸의 인생에 엄청나게 힘이 된다. 죽을 만큼 힘들어 죽는 게 좋겠다는 생각이 들 때에도 엄마의 따뜻한 믿음의 한마디로 다시 힘을 내고 돌이켜 생각할 줄 아는 사람이 된다.

"넌 끝까지 해내고 마는 힘이 있기 때문에 난 네가 성공할 것이라고 믿어."

상대방의 작은 의지 하나를 믿어주는 말투는 상대방을 기쁘게 하고 자신감이 생기게 한다. 그 이상으로 당신에게 최고의 시선을 보내며 당신에게 행동하게 한다. 그러니 종교를 나누지 말고 불교에서는 관세음보살로, 기독교에서는 할렐루야, 아멘으로 무조건 믿음을 표하자!

이러한 4단계를 통한 시선을 끄는 일, 내 마음의 소리를 잘 전달하는 일은 말투 그 자체에서 시작된다. 말투를 고쳐서 사용하게 된다면 사람들이 나를 존경하고 싶은 사람, 신뢰가는 사람으로 보기 시작하고 많은 이들이 나를 따른다. 그러면서 크게 얻는 건 자신을 사랑하게 되는 것이다. 자기 자신을 사랑하게 되면서 자아가 성장하고 자연스레 우리는 온전히 나 자신을 최고의 선물을 받게 된다. 시선의 시작은 말투에서 시작된다. 이제 우리 모두 갇힌 시선에서 벗어나자. 그리고 시선을 끄는 말투, 지금부터 시작해보는 게 어떨까?

06

명확하게
전달하라

나는 어떤 말을 전달하고 싶은가?

우리의 말하기는 언제 끝이 날까? 아마도 우리가 하늘에서 받은 생명을 다할 때까지는 말을 하면서 살 것이다. 누군가는 평생 말소리를 못 내며 살아가고, 누군가는 한 사람의 말소리를 듣지 못해 평생 가슴이 사무친다. 당연하지도 않지만 당연한 말하기는 우리에게 큰 숙제다. 평생 타인과 관계를 열어가면서 살아가기 위해서는 말은 언제 어디서든 해야 하는 것이다. 그것도 전달력 있게! 말은 전달되지 않으면 독백이 된다. 상대에게 전달되지 않으면 아무런 의미가 없다. 평생 타인과 살아가는 우리는 전달력 있게 말해야 살기 편안하다. 말은 아무리 많이 하거나 적게 해도 또는 단 한마디를 해도 내가 하고자 하는 말이 전달되지 않으면 아무 의미가 없다. 자식이 잘못하면 무조건 체벌을 하는 체벌형 부모들은 자식이 같은 일로 속을 썩일 때 이렇게 말한다.

"내가 지금 누구한테 말을 하고 있는 거니? 도대체 소 귀에 경 읽기지, 내 입만 아플 뿐이다."
"너 내 말 들으라고 했지?"

'누구한테 말을 하고 있는 거니?', '너 내 말 들으라고 했지?' 등 내 말이 아이에게 정확하게 마음의 귀에 전달되지 않았다는 이야기이다.

똑같은 상황에서 대화 전달형 부모들은 아이들의 나이에 맞춰 눈높이 말하기를 생각하고 배우고 습득한다. 내 아이에게 부모 자신의 말을 잘 전달하기 위해서이다. 부모와 자식 관계에서도 말이 잘 전달되지 않으면 부모가 자식에게 말하는 것은 의미가 없다.

상대가 무엇을 들었는가의 중요성
말을 잘 전달하는 것은 재능이 아니라 기술이다. 전달의 기술을 공부하고 실천한다면 말 전달력을 100%로 만들 수 있다. 전달력이 생기는 5

가지의 기술을 소개한다.

첫 번째, 정확한 발음으로 전달한다.

정확한 발음으로 전달하는 것은 기술이 아니라 정성이다. 정확한 발음은 혀, 입술, 안면 근육, 조음 기관 등을 골고루 움직이며 말하는 것이다. 발음이 부정확한 사람들에게 공통적으로 나타나는 특징은 입꼬리의 움직임이 드물다. 인형극을 하는 인형 목소리 연기자처럼 혹은 복화술처럼 움직임이 드물다는 것이다. 그리고 부정확한 발음을 가진 사람들은 자신과 오래 교류한 관계만 그 사람의 말을 알아듣고 다수 앞에서 하는 퍼블릭 스피치에서는 전혀 들리지 않아 곤란한 경우가 생긴다. 그러므로 발음을 위해 혀, 입술, 안면 근육, 조음 기관을 고루고루 정성 들여 움직이며 이야기해야 한다.

두 번째, 운전을 할 때처럼 속도 조절을 해라!

사람들 앞에서 말하기 시작하면 말이 너무 빨라져서 자기 자신도 어떤 말을 했는지 잘 모르는 경우가 있다. 말에 가속도가 붙어서 급브레이크를 밟아도 공주 거리가 많이 생겨 하고자 하는 말의 의미에서 많이 멀어질 수 있다. 자동차 운전을 하듯이 신호를 지키며 좌우를 잘 살피고 속도 조절하며 말해야 한다.

세 번째, 내가 당장 하고자 하는 말을 무작정 적어보고 말해보라!

입을 통해 나오는 말소리와 글로 적어 나오는 말소리에는 큰 차이가 있다. 입을 통해 당장 하고자 하는 말을 녹음하고 글로 적은 말을 읽으며 녹음해서 들어보자. 들어보고 내가 당장 하고자 하는 말 중에 대화처럼 간결하고 부드러운 형식을 선택하면 된다.

네 번째, 호흡에 집중하라.

꺼져가는 말에는 호흡으로 말을 살려낼 수 있는 마지막 기회가 있다. 호흡을 하려면 호흡법을 알아야 한다. 말하고자 하는 이야기를 소리 내어 말하면서 제대로 호흡하는 연습을 하는 것이다. 무작정 거울만 보면서 하는 것은 어렵다. 자신이 하고자 하는 멘트를 종이에 옮겨 적고 종이에서 숨 쉬는 포인트를 체크하자. 그리고 멘트를 읽어보면서 부드러운 호흡의 순간을 찾아내는 것이다. 말하고자 하는 부분의 주제가 바뀌면 말의 호흡을 잠시 멈추고 다시 이야기를 하는 것도 중요한 포인트다. 이런 경우에는 호흡을 짧게 쉬어가는 것보다 두 호흡 정도를 쉬어간다는 느낌으로 이야기하는 게 좋다.

다섯 번째, 시선은 한 사람에게 한 가지 생각을 전할 때마다 끝까지 아이 콘택트를 해라.

청중은 다수인 경우가 많다. 청중과 눈이 마주침은 생각을 전달하는 데 큰 힘이 된다. 그러므로 내 이야기를 듣는 전체 청중에게 말을 효과적으로 전달하기 위해서는 천천히 생각을 전달하며 아이 콘택트를 확실하게 하며 시선을 옮기는 것이 좋다.

말하기는 전하고자 하는 내용을 상대와 공유하는 것이 중요하다. 상대에게 전달할 내용이 완벽하려면 5가지 기술만 익히면 된다. 지금까지 내가 가지고 있는 발음법, 말의 속도, 호흡, 평소 말하는 대화체, 상대와 아이 콘택트하는 방법이 분명히 있을 것이다. 하지만 익숙한 것을 계속 고집한다면 말은 전달되지 않는다. 말이 전달되지 않으면 독백이 될 뿐 전하고자 하는 의미를 잃게 된다. 말은 내가 무엇을 말했느냐가 중요한 것이 아닌 상대가 무엇을 들었는가가 중요하다.

5가지의 전달법으로 우리의 말에는 어느 순간 전달력이 생길 것이다. 말은 전달되지 않으면 의미가 없다. 자기의 말을 상대에게 강요할 수 없으므로 나의 말을 듣는 사람의 귀와 마음과 생각에 쏙 전달되는 표현을 하는 게 말의 전달 전략이다.

왜? 말은 전달되지 않으면 의미가 없으니까.

07

말 게임부터
시작하라

말장난이 스피치의 성장을 돕는다

"바나나 먹으면 나한테 반하나?"

"망고 먹을래? 먹기 시름 망고!"

"넌 나의 밴드야, 허즈밴드."

"고로케가 고로케 맛있니?"

말장난은 실속 없이 말을 그럴듯하게 엮어놓은 것이다. 말장난이 시답
지 않게 느껴질 수도 있다. 정말 시답지 않은 말장난이 피식 웃게 만드는
힘을 가지고 있다. 말을 못하는 사람은 말장난조차도 못하고 말장난을

잘 지어내는 사람을 부러워하기까지 한다. 말하기에 자신이 없다면 말의 게임을 시작하기를 권한다.

말의 게임은 당신의 커뮤니케이션에 좋은 도움이 될까? 당연하다. 말을 게임처럼 여기고 재미있게 이야기를 한다면 당신의 재치와 순간적인 처세술을 길러주고 은유법을 연습할 수 있다. 말하는 것을 말의 게임이라 생각하고 시작하자.

십자말 풀이를 해보면서 말의 뜻과 어미를 표현하고 사용하는 상황을 알아보는 게임 또한 좋다. 세종대왕이 얼마나 재미있는 말을 많이 만드셨는지 알 수 있다. 말장난의 대표적 게임인 끝말잇기와 삼행시 짓기도 좋다.

새벽 골프 모임을 가는 날이었다. 새벽 라운딩을 마치고 돌아오는데 우리 모임의 멤버들은 새벽에 부지런히 간 탓에 피곤하고 졸음이 쏟아졌다. 졸음을 쫓아내기 위해서 멤버 모두가 끝말잇기를 시작했다. 도로 표지판 지역명을 시작으로 끝말잇기의 주제는 계속되었다. 끝말잇기가 지루해질 때쯤 삼행시를 시작했다. 은근히 삼행시 창작에 모두 욕심내어 쏟아지는 졸음을 잊고 신나는 창작의 고통을 느끼며 무사히 돌아올 수 있었다.

낱말 또는 속담 상황에 맞춰 말을 잘해야 할 때는 상황을 역으로 바꿔서 이야기해보는 것도 하나의 방법이다.

"늦었다고 생각할 때가 가장 빠를 때이다."라는 상황을 역으로 바꾸면 "늦었다고 생각할 때가 가장 늦었을 때이다."라는 말이 된다. "일찍 일어난 새가 벌레를 먼저 잡아먹는다." 상황을 역으로 바꿔보면 "일찍 일어난 벌레가 먼저 잡아먹힌다."라는 말이 된다.

이렇게 말로 상황을 역으로 바꾸면 전달하고자 하는 말의 의미는 달라지고 전달도 오히려 공감을 얻게 된다. 거기에 재미까지 준다.

재미있게 말 배우기, 날 새는 줄 모른다

말의 게임을 시작하는 순간 우리는 말하는 것이 재미있어지고 재미있는 사람이 된다. 재미있게 말을 배우면 날 새는 줄 모른다. 우리는 예로부터 말을 가지고 놀았다. 수수께끼, 스무 고개, 말머리 잇기, 말꼬리 잇기 등을 하며 시간을 보내는 데 사용했다. 말을 주고받으며 서로 정도 쌓고 추억도 쌓고 지루한 시간까지 잘 보낼 수 있었다.

대한민국의 랩 열풍 또한 마찬가지다. 요즘 우리나라 '랩' 수준은 음악과 예술을 뛰어넘어 문학으로도 평가받고 있다. 랩을 통해 우리가 말하고자 하는 표현을 노래라는 특성으로 세상에 소리친다. 상대를 향해서, 사회를 향해서, 나 자신을 향해서 라임이라는 말 놀이로 이야기한다. 랩에서의 라임은 단팥빵의 팥 역할이나 마찬가지다.

예를 들면 MC meta가 피처링한 일리네어의 〈연결고리〉라는 유명한 노래에 나오는 라임을 보자. "너와 나의 연결고리, 이건 우리 안의 소리"라는 가사는 우리가 국어 시간에 배웠던 운율이다. 라임은 비슷한 음절이 반복되는 것이다. '내 사람, 내 사랑'과 같이 마디의 음절에 맞추어서 말하는 것이다. 라임을 통해 청각에 임팩트를 주게 된다. 비슷한 단어나 어감의 글자를 맞춰 만드는 랩 또한 말의 게임이다.

여러 가지 말의 게임을 통해 당신의 말하기를 성장시켜라! 재미있게! 말 게임 중독자가 되어라! 당신은 무조건 말하기를 잘하고 재미있는 사람이 될 수 있고 누군가에게 호감을 주는 말하기를 하는 최고의 상대가 될 수 있다.

말재주가 없어도 말 게임은 할 수 있지 않은가? 당신만의 말하기 게임 구사법을 빨리 찾는 것이 말의 게임의 핵심이다. 포복 절도, 유머, 문학적인 말의 게임을 바라는 게 아니다. 가볍게 시작할 수 있는 나만의 말하기 게임부터 찾고 시작하면 된다. 시작하고 싶은데 시작이 어려운가? 말의 게임을 잘할 수 있는 방법이 있다.

"말의 게임을 통해 상대가 무조건 재미있게 느낄 것이라고 생각하지 않기."

말의 게임을 통해 무조건 상대를 재미있게 해주겠다는 생각으로 시작하지 마라! 재미있게 해주려고 한 말에 상대가 웃지 않는다면 게임에서 졌다는 루저 의식이 들기 때문이다. 자신만의 룰을 정해 한계를 짓기보다는 한계를 정하는 일은 하지 않는 말 게임이 건강에 좋다.

가볍게 시작하라. 당신이 무거운 짐을 들고 있다고 가정해보자. 무거운 짐을 들고 상대와 같은 길을 뛰는데 더 빠르게 멀리 나아갈 수는 없을 것이다. 무거운 짐을 들고 뛰느라 끙끙거리다 보면 다른 사람들보다는 배로 느려진다.

꼭 연습해야 하고 무언가를 바꿔보겠다는 무거운 짐을 가지고 말 게임을 시작하지 마라. 가볍게 말하기 게임을 시작하라. 단, 상대를 비하하거나 비꼬는 마음에 상처를 입을 수 있는 말까지 가볍게 느껴서는 안 된다.

유행어, 신조어에 민감해져라. 요즘은 인터넷만 봐도 바로바로 사람들이 따끈따끈한 신조어를 사용한다. SNS만 보더라도 빠르게 생겨나는 신조어와 유행어는 내가 봤을 때도 재미있고 획기적이다. 유행어, 신조어를 구해라! 요즘은 SNS만 봐도 바로바로 사람들의 신조어, 유행어 무궁무진한 언어들을 많이 알 수 있다. 그리고 내가 봤을 때도 재미있고 공감이 된다. 이러한 유행어와 신조어를 사람들이 많이 사용한다는 것은 분명히 좋은 유머의 재료이기 때문이다.

　말하는 재주가 없더라도 이러한 말의 재료들을 구해서 말의 게임에 활용한다면 말 게임에 프로라는 소리를 들을 것이다.

　말의 게임을 지속적으로 꾸준히 한다면 우리는 말하기가 더 이상 어렵게 느껴지지 않을 것이다. 놀면서 배우고 성장하게 된다. 말의 게임은 결국 우리를 말 게임의 실력자로 자리 잡게 해줄 것이다. 말재주가 없다고 말하기 어렵다고 생각하는 당신, 말 게임부터 시작하자.

08

말은 센스가 아니라
과학이다

말의 과학

지금 우리가 살아가고 있는 대한민국은 '자기 알리미' 시대이다. 우리나라의 경우 대기업 면접부터 많은 분야에서 말하기가 필수가 되었고 '스피치', 즉 말하기를 강조하고 실행하기 시작했다.

우리나라 경제가 빠르게 발전하는 데 크게 이바지하는 대기업은 왜 말하기를 강조하기 시작했을까? 말하기는 센스가 아니라 과학이기 때문이다. 뇌 과학으로 쉽게 이야기를 하겠다.

인간의 뇌는 생명이 깃드는 시작점이라고 말할 수 있다. 우리의 신체는 뇌가 살아 있냐, 살아있지 않냐에 따라 판단이 크게 다르기 때문이다.

그렇게 우리의 뇌에서는 생명의 시작과 함께 뇌의 성장이 시작된다. 우리가 가지고 있는 뇌라는 녀석은 인체의 신경 계통을 통해 고성능을 자랑하는 메모리이다. 척수와 함께 모의 중추 신경계에 해당하는 뇌는 우리 몸의 모든 부분을 통솔하는 아주 중요한 핵심 역할을 하고 있다. 천억 개가 넘는 신경 세포들이 끊임없이 근육, 심장, 소화 기관 등을 조절하고 생각을 일으킨다. 게다가 생각도 함께 상상을 할 수 있는 능력과 정신 활동을 활발히 움직이게 하는 역할을 한다.

우리를 이끌어가는 뇌는 어려운 것 같지만 쉽게 뇌를 의인화시켜 가족 관계로 보면 된다. 대뇌, 사이뇌, 소뇌, 다리 뇌, 숨뇌 등이 나뉜 남매다. 이 남매는 모두 모두 구석구석 자기 필드에서 어느 하나 쉬는 놈 없이 다 한 자리씩 차지하고 있다. 대단한 남매이지 않는가? 남매 중 큰오빠 담당을 하고 있는 대뇌를 말하자면 큰오빠 대뇌는 감각 정보를 샅샅이 분석한다. 그리고 기억을 저장하는 역할을 한다. 인간의 4분의 3을 차지하는 크기로 큰오빠다운 크기이다. 그리고 좌우 두 개로 나뉘어 있는 쌍둥이 자매님이 계신다. 쌍둥이 자매는 사고와 언어, 감정, 기억으로 다양한 정신 활동을 한다. 대체로 언어와 감정 기억을 담당한다.

말하기로 뇌를 말하자면 대뇌 큰오빠는 스피치에 굉장한 도움을 주는 역할을 한다. 그 이유는 바로 대뇌가 언어에 큰 영향을 미치기 때문이다.

대뇌는 사람들에게 큰 영향력을 주는 녀석이다. 첫째 큰오빠 대뇌만 움직여도 말하기는 이루어진다. 큰오빠 대뇌는 4가지 성격이 있다.

전두엽 성격, 측두엽 성격, 두정엽 성격, 후두엽 성격이 있다. 전두엽 성격은 이마엽이라고도 불리는데 우리 이마에 있는 뇌이다. 계획을 수립하려는 성격, 집중을 시키는 성격을 가지고 있다. 측두엽은 관자와 가까워서 관자엽이라는 별명이 있다. 청각 정보를 받아들여서 경청을 잘하는 성격이다. 그리고 물체를 인지하고 판별하는 성격을 가지고 있다. 두정엽의 성격은 뇌의 모서리에 있기에 모서리엽이라고도 불린다. 이는 시상을 통해 접촉과 촉각을 느끼며 말을 할 수 있는 성격을 가지고 있다. 마지막으로 후두엽은 뒤통수에 있어서 뒤통수엽이라고도 불린다. 후두엽은 시상을 언어로 번역하는 성격을 가졌다. 이렇게 첫째 큰오빠 대뇌는 신경 언어학을 말한다.

말은 센스가 아닌 과학의 원리이다. 사람이 알고 있는 단어임에도 그 단어가 도저히 떠오르지 않는 현상, 말실수, 듣기의 실수조차도 뇌의 실수라고 할 수 있다. 요즘은 뇌 발달에 맞춰서 교육을 한다. 효과 좋은 트렌드 교육이다. 말조차도 과학적이다.

뇌 구조 발달로 이야기해보자. 뇌는 크게 7년 주기로 바뀐다고 볼 수 있다.

– 0~7세

기분이 좋으면 웃고 울고 싶으면 운다. 잠이 오면 어디든 쓰러져 자고 뛰고 싶으면 뛴다. 안 하고 싶은 본능은 숨기지 못하고 안 한다. 본능의 뇌 구조를 가졌다.

– 7~14세

배가 고프다고 무작정 울지 않는다. 배고프면 '배고파요.'라고 말을 해야 하는지 알고 있다. 나비가 나는 원리가 날개인 것도 알게 된다. 사회적 구조와 학습에 대한 이해를 하게 된다. 학습을 할 수 있는 이해적 뇌구조를 가졌다.

– 14~21세

사춘기, 이십춘기가 온다. 내 감정을 알고 집중하게 된다. 감정적 교류로 친구 관계, 이성 관계를 가지게 된다. 감정의 뇌 구조를 가진다.

–21~28세

성인이 되었다고 완벽한 뇌가 만들어지는 것은 아니다. 이 시기에는 마지막 뇌 발달이 일어난다. 아주 중요한 뇌가 발달하는 시기이다. 자신의 인생을 진정으로 책임지게 된다. 대학 졸업을 하고 취업을 하고 사회적 구도의 관계성까지 맺는다. 책임감의 뇌 구조를 가진다.

말에 대한 교육은 나이에 맞춘 센스 교육이 아니라 과학 교육이어야 한다.

0~7세의 본능적 뇌 발달 단계의 아이들에게는 본능적으로 생각할 수 있는 시간을 충분히 준 뒤 예의를 넘지 않는 선에서 본능적으로 표현할 수 있는 말을 교육해야 한다.

7~14세의 이해적 뇌 발달 시기일 때는 세상 만물을 이해하는 때이기에, 논리적이고 많은 지식들로 세상 만물을 이해시킬 수 있는 표현을 가지고 교육해야 한다.

14~21세는 감정적 뇌 발달 상태이므로 공감해주며 감정을 제대로 표현할 수 있도록 교육해야 한다.

21~28세의 책임감 뇌 구조에는 인생관 또는 개개인의 가치를 말하며 잘잘못을 가르치고 여운이 있는 가르침으로 말하기 교육을 하는 것이다.

말은 센스가 아니라 과학이다. 센스는 취향이 있다. 하지만 과학에는 취향이 없다. 말 그대로 사이언스다! 자율 신경의 균형과 뇌의 구조를 알면 건강하게 말할 수 있고 표현할 수 있고 교육할 수 있다. 요컨대 말하기는 센스가 아닌 과학이라고 생각해야 한다.

베스트 스피치

김밥 파는 CEO,
사장을 가르치는 사장 슈퍼리치 김승호 회장

김승호 짐킴홀딩스 회장은 충남 장항 출신이다. 미국에서 자수성가한 사업가이다. 2005년 세계에서 가장 큰 도시락회사 '스노우폭스'를 창업했다. 1,340여 개 도시락 매장을 창업시켰고 하루 10만 개에 달하는 도시락을 팔아 연간 3,500억 원이 넘는 매출을 올렸다. 그리고 그의 회사는 부채가 단 한 푼도 없이 미국 400대 부자 순위 진입을 꿈꾸고 있다.

김승호 회장은 지난 30년간 성공과 실패를 통한 체득 교훈을 토대로 오래 곱씹어온 부와 행복의 기준, 여러 철학과 생각들로 모두 부자가 될 수 있도록 스피치 강연을 다닌다. 기업가로서 마인드뿐 아니라 삶의 모든 의미를 풀며 동기부여 스피치를 한다.

"100일 동안 100번씩 써라."

"생각의 힘을 믿어라."

"끝까지 포기하지 마라."

메시지로 많은 사람이 선한 영향력의 부자가 될 수 있도록
돕고 있다. 김승호 회장의 스피치를 통해 진정한 스토리텔링
의 힘을 우리는 배워야 한다.

4장

내 몸값 올리는
4주 말하기 비법

1주차 - 목소리

좋은
목소리는
만들 수
있다

01

목소리 톤만으로
신뢰도를 높일 수 있다

목소리가 자산이다

대한민국의 프로 국민, 프로 토요일 밤의 진실 찾기! 진실의 눈으로 세상을 지켜보는 〈그것이 알고 싶다〉 방송은 누구나 한 번쯤 보았을 TV 프로그램이다. 〈그것이 알고 싶다〉는 진실의 눈으로 세상을 지켜보겠다는 의도로 진실을 찾는 프로그램이다. 사회, 종교, 미제 사건 등 다양한 분야를 취재하고 탐사하는 저널리즘 프로그램으로 국민이 신뢰하고 좋아하는 프로그램이다. 하지만 그 프로그램을 좋아하는 것은 내용뿐만이 아니다. "그런데 말입니다." 하는 진행자 김상중 씨 목소리도 좋아한다. 김상중 씨의 "그런데 말입니다."의 멘트와 목소리가 프로그램을 살린다는 말도 나온다. 김상중 씨의 목소리로 〈그것이 알고 싶다〉 방송의 신뢰도 100%를 완성시킨다고 해도 과언이 아니다. 김상중 씨는 시사 프로그램 진행자로 신뢰를 형성하기 위해 너무 악한 연기를 해야 하는 역할이나 너무 망가지는 연기는 피했다고 한다.

신뢰가 바탕이 되어야 하는 금융권, 보험회사 기업체들은 CF에 잘생기고 예쁜 연예인을 선호하기보다는 김상중 씨처럼 신뢰가 묻어나는 목소리를 가진 연예인을 선호한다. 대표적으로 금융권 보험회사 광고의 탑인 김명민 씨가 그 예가 될 수 있다. 김명민 씨는 김명민 보험이라는 상품이 있을 정도다. 신뢰감 있는 보이스로 CF 주인공 역할을 톡톡히 해냈다. 김명민 씨는 한 프로그램에 나와 자신이 있는 곳이 어디냐는 물음에 "목소리, 성대다."라고 자신의 목소리에 대한 자부심과 애정을 드러냈다. 그러나 심금을 울리고 신뢰를 가진 김명민 씨의 목소리는 타고난 것만은 아니다. 평소 좋은 발음과 좋은 목소리를 위해 노력을 한다고 말했다. 아침에 일어나 화장실을 갈 때 볼펜을 물고 가서 신문이면 신문 활자가 있는 것을 읽었다고 한다. 글을 읽을 때 자신의 혀가 물고 있는 볼펜을 때릴 정도로 혀 운동을 하며 최대한 발음을 정확하게 하며 배에 힘을 주며 읽었다고 한다. 신뢰도 100% 보이스의 대명사가 된 지금도 끊임없이 연습의 시간을 가진다고 한다.

이렇듯 누구나 목소리 톤 연습으로도 신뢰도를 높일 수 있다. 어딜 가든 외모를 많이 보는 시각적 시대는 이제 한물가고 꿀성대, 허니보이스 같은 신조어들이 탄생했다. 지금은 방송에서도 최고의 목소리를 찾는 프로그램이 많다. 가수들이 가면으로 얼굴을 가린 채 자신의 목소리로만 승부를 보며 목소리의 진가를 알리는 프로그램이 인기 있다. 이런 현상만 보아도 목소리의 힘이 어느 정도인지 알 수 있다.

취업이 어려운 이 시대의 면접에서 채용에 미치는 큰 영향 중에 시각적인 요소와 청각적인 보이스의 영향이 크다는 말도 나오고 있다. 요즘은 목소리조차도 자기표현의 필수 도구가 될 수 있다. 신뢰감을 주는 목소리를 가지려고 비용을 지불하고 보이스 트레이닝을 받는 경우는 가수들만 하는 것이라고 생각했다. 하지만 이제 보이스 트레이닝반을 스피치 학원마다 운영할 정도로 보편화되었고 많은 사람들이 찾고 있다.

신뢰감 있는 목소리 만들기

신뢰감 가는 목소리 톤으로 어떻게 바꿀까?

뒷장에 연재되는 목소리 활용법을 김명민 씨처럼 매일 아침마다 꾸준히 연습을 하는 것이다. 그러면 완벽히 보이스가 내 것이 되면서 신뢰감 또한 내 것으로 만들 수 있다.

일자리 하나 구하기 어려운 시대에 일자리를 얻는 것, 사랑하는 연인과의 관계가 더 깊어지는 방법, 나라의 일을 하며 국민의 신뢰를 사고 지지를 받는 정치인, 예쁜 미모와 함께 예쁜 목소리로 연기하고 노래하며 소통하는 연예인 등 모두가 목소리 톤을 연습하고 신뢰감을 가지기 위한 목소리를 위해 트레이닝을 받는다. 이제는 목소리의 영향이 살아가면서 미치지 않는 곳이 없기 때문이다.

목소리로 의사소통을 하는 사람에게는 어떻게 보면 목소리의 중요함은 당연한 일이다. 지금까지 내 목소리에 극심한 콤플렉스가 있다거나 주위로부터 목소리가 특이하다거나 이상하다거나 끝이 갈라진다거나 흐려지는 등 안 좋은 평을 받았다고 하더라도 목소리 톤은 훈련으로 교정이 되고 커버가 된다. 그러므로 신뢰를 사는 일은 나에게 달려 있음을 인지해야 한다.

세상을 살면서 겪는 모든 것에는 신뢰라는 것이 전제되어 있다는 걸 먼저 알아야 한다. 신뢰도를 높여주는 목소리 톤의 중요성을 두말할 나위 없이 인지하고 수정하며 실행해야 한다!

02

목소리 만들기
트레이닝

목소리는 만들 수 있다

목소리 톤이라는 것은 개인의 노력으로 충분히 만들어질 수 있다. 목소리를 만들면 자신이 만든 목소리에 프라이드가 붙게 된다. 프라이드가 붙으면 목소리 톤을 만드는 데 가속도가 붙어 마침내 완벽한 보이스 교정이 된다.

말은 목소리를 사용하는 것이다. 목소리의 원리를 정확히 파악해야만 말로 인한 참담한 낭패를 보지 않는 것이다. '목소리에 점점 힘이 없어서 갈라진다, 예전에는 목소리가 이렇지 않았는데 목소리도 나이랑 같이 늙는 것 같다.'라고 고민을 말하는 분들이 많다. 실제로 목소리가 바뀌는 것보다는 지금까지 소리를 내기 위해 억지로 성대를 붙이던 근력이 점점 퇴화하면서 성대를 바르게 붙여줄 수 있는 핵심적인 힘이 없어지기 때문이라고 보면 된다. 성대를 진동시켜서 소리를 내게 하는 호흡압을 충분히 만들기 위해서는 제일 중요한 것이 횡격막으로 인한 호흡이다.

횡격막 호흡은 이름이 어려워서 그렇지, 정말 쉽다. 목으로만 내는 소리, 배로 내는 소리라고 쉽게 생각하면 된다. 목으로 내는 소리는 가슴이 들썩인다. 배로 내는 소리는 가슴이 전혀 움직이지 않으며 곧은 소리가 난다. 이것을 복식호흡이라고 하는데 복식호흡의 훈련법이 우리의 횡격막 호흡을 돕는 최고의 훈련이다.

목소리 만들기 트레이닝 활용

정말 쉽게 복식호흡과 소리의 전달력을 일거양득으로 잡을 수 있는 최고의 훈련법을 소개한다.

첫 번째는 "빵 빵 빵!" 훈련법이다.

'빵 빵 빵'은 총을 '빵! 빵! 빵!' 쏜다고 생각하면 된다. 총을 쏠 때 가장 중요한 것이 무엇인가? 바로 방아쇠이다! 방아쇠를 당겨야 총알이 발사된다. 이때 우리 몸의 방아쇠를 배꼽이라고 생각하면 된다.

총을 사용하는 방법은 장전부터이다. 소리 장전의 방법은 코로 가볍게 호흡해서 배에 공기를 채운다. 채운 공기는 배꼽 방아쇠를 등 쪽으로 순간 당겨 호흡과 소리를 내뱉으면 된다.

빵 빵 빵 훈련에서 주의할 사항은 어깨나 가슴이 들려서는 안 된다는 점이다. 가슴이 들리면 명중하기가 힘들다. 오로지 장전, 발사 방법에만 집중하여 소리를 발사해야 명중할 수 있기 때문이다. 발사하는 소리를 빵 빵 빵! / 야! 야! 야! / 하! 하! 하! 등 끊어서 발사해본다. 한 글자로 시작해 두 글자, 세 글자로 늘려서 훈련한다면 단총, 장총을 잘 다루는 최고의 총잡이가 될 수 있다.

두 번째는 하마 훈련법이다.

하마라는 동물은 입이 큰 동물로 알려져 있다. 하마처럼 입을 크게 벌린 상태에서 호흡을 들이마시면 목이 열리는 느낌이 들 것이다. 목이 열린 상태로 소리를 내면 좋은 목소리가 나온다. 그리고 입 모양이 커지기 때문에 더 확실한 소리를 낼 수 있다.

빵 빵 빵 훈련법, 하마 훈련법을 숙지했다면 두 가지를 응용하여 소리를 내보자. 그렇다면 확실히 목소리가 바뀌고 안정되며 신뢰감 가는 보이스가 되어 있을 것이다.

> 국가 정보원은 김정남 암살 사건을 북한 국가 안전보위성과
> 외무성이 주도한 테러 사건으로 규정한 것으로 전해졌습니다.

신뢰감 가는 목소리의 대표로는 뉴스 아나운서 멘팅이 제일 좋으므로 뉴스 멘팅을 설
정하였습니다.

– 실전 훈련 첫 번째, 빵 빵 빵 훈련

'!' 기호에 총을 쏘는 듯한 소리를 내어본다.

> 1. 국!가!정!보!원!은! 김!정!남! 암!살!사!건!을! 북!한! 국!가! 안!전!
>   보!위!성!과! 외!무!성!이! 주!도!한! 테!러!사!건!으!로! 규!정!한!
>   것!으!로! 전!해!졌!습!니!다!
>   (빵 빵 빵 단총 훈련법)
>
> 2. 국가!정보원!은! 김정남! 암살!사건을! 북한! 국가! 안전!보위성
>   과! 외무성이! 주도한! 테러사건!으로! 규정한! 것으로! 전해졌
>   습니다!
>   (빵 빵 빵 장총 훈련법)

– 실전 훈련 두 번째, 하마 훈련

하마처럼 입을 최대한 벌리고 호흡을 마시며 목을 열고 '–' 기호에 소
리를 내어본다.

---

1. 국–가–정–보–원–은– 김–정–남– 암–살–사–건–을 북–한–
   국–가 안–전–보–위–성–과–외–무–성–이– 주–도–한–
   테–러–사–건–으–로– 규–정–한–것–으–로– 전–해–졌–
   습–니–다–

2. 국가– 정보원은– 김정남– 암살사건을– 북한국가– 안전– 보
   위성과 – 외무성이 주도한– 테러사건으로 – 규정한 것으
   로 – 전해졌습니다 –
   (단어 단위를 나누어둔 하마 훈련법)

– 실전 훈련 세 번째, 빵 빵 빵 & 하마 연결하기

국!가정보원은– 김!정남– 암!살사건을– 북!한국가– 안!전–보!위
성과– 외!무성이–주!도한– 테!러사건으로–규!정한 것으로– 전!
해졌습니다–

간단한 목소리 트레이닝 활용으로 실제로 훈련을 끊임없이 해야 한다.

물론 생각처럼 마음처럼 잘되지는 않을 것이다. 하지만 눈으로만 읽고 넘겨버린다면 당신은 신뢰감 가는 목소리를 활자로만 배운 사람이 될 것이다.

직접 소리도 내어보고 훈련도 해보고 안되는 점을 체크하면서 적극적으로 훈련을 해야 신뢰감 가는 보이스를 가질 수 있다. 평생 나의 재산, 기술이 되는 신뢰감 있는 목소리를 돈 들이지 않고 오로지 나의 근육을 훈련시켜 만든다는 데 너무나 쉽지 않은가?

물론 시작은 어려울 수 있으나 지속적 훈련을 하다 보면 분명히 목소리에 대한 칭찬을 듣게 될 것이다! 기억하자! 당신의 노력은 신뢰감 가는 목소리를 만들고 있다!

03

사투리, 비호감형
말투를 성형하라

고유의 언어를 고집할 때가 아니다

'할매, 할배, 등어리, 빼다구, 강새이, 마이주이소'라는 말은 사용하는 곳은 현재 내가 살고 있는 경상도. 경상도 중 창원에서 쓰는 말이다. 수도권인 서울에는 전국 각지에서 온 상경생들이 모여 있고 또 모이고 있다. 상경 1년 후 지역별 사투리 점검을 해보면 이렇다.

강원도– 사투리 안 씀

충청도– 사투리 안 씀

제주도– 사투리 안 씀

전라도- 사투리 안 씀

경상도- 사투리 안 쓴다고 함

사투리 관련된 이 게시글은 모두의 공감을 사서 수많은 '좋아요'를 얻었다.

경상도 어조는 "글을 읽다."라는 글귀를 "걸을 읽다."라고 읽는 사람이 많다. 'ㅔ'의 대립과 'ㅡ'의 대립을 찾아보기 어렵다. 자음에서는 'ㅆ'을 'ㅅ'으로 발음하며 쌀을 살이라고 말한다. 지역 특성상 발음이 세기 때문에 다른 사람들보다 교정하기가 힘들다.

지역 고유의 언어를 나만의 색으로 사용하던 사투리는 많은 사람들 앞에서 발표를 하거나 카메라에 찍힐 때 굉장한 스트레스로 작용한다. 다양한 지역, 다양한 무대에 서기 위해서는 누구나 알아듣고 매끄럽게 들리는 어투를 사용해야 하기 때문이다. 사투리는 지역의 고유 언어이기 때문에 모두에게 통하는 언어는 아니다. 나 또한 경상도 창원의 억센 말투를 고치고 표준어 교정 훈련을 시작했다. 표준어 교정을 시작하면서 부딪힌 첫 난관은 멘트를 읽으면 출렁거리는 억양의 높낮이였다.

출렁이는 높낮이의 문제점은 특히나 멘트에 감정을 넣어 강하게 전달하고자 할 때는 더 심했다. 그래서 기자 멘트의 특성인 감정 없이 객관적으로 말하는 멘트로 연습을 했다.

사투리 교정은 경상도 따로, 전라도 따로, 충청도 따로 교정법이 있다고 생각하는 분들이 많은데 사실 사투리 교정 훈련법은 똑같다.

사투리 교정법

먼저 입을 크게 벌리고 호흡을 내뱉으며 말하는 연습을 하는 것이다. 호흡을 지키며 그리고 신문이나 좋아하는 책을 큰 소리로 읽어나가는 것이다.

그때 읽으면서 챙겨야 할 부분이 있다

1. 연음을 만들어라.

[참여]에서 음절 참, 여를 각각 떼어 부르지 말고 부드럽게 이어 말하기를 해야 한다. [차며]라고 읽는 것이다.

이를 연음 법칙이라고 하는데 자음으로 끝나는 음절에 모음으로 시작되는 형식 형태소가 이어질 때 앞 음절의 끝소리가 뒤 음절의 첫소리가 되는 음운 현상을 말하는 것이다.

참여	차며
책+이	채기
옷+을	오슬
얼음	어름
밭에	바테
꺾어	꺼꺼
금요일	그묘일

2. 특정 어휘를 구분하는 공부를 해야 한다.

지역별 특정 어휘가 있다. 각 사는 지역의 특정 어휘를 찾아보고 사용하지 않아야 한다. 잠시 심한 사투리를 쓰는 지역별 단어나 어휘를 충청도에서 쓰는 마법의 단어로 바꿔보겠다.

– 충청도

화났을 때: 뭐여!!!!!

놀랐을 때: 뭐여??

슬플 때: 뭐여…

기분 나쁠 때: 뭐여?!

마법의 단어는 '뭐여' 말고도 '기여'라는 것이 있다. "기여?" 하고 끝을 올리면 "정말이냐? 진짜?" 이렇게 묻는 말로 쓰이고 "기여." 하고 끝을 내리면 '그래, 맞아.'라는 긍정적인 대답이 되는 것이다.

ㅡ강원도

사투리 중 가장 어렵다는 강원도 사투리이다. 강원도 사투리는 구수함이 느껴지면서 또 어딘가 모르게 느껴지는 억센 말투가 포인트이다. 강원도 사투리는 북한과 가까워 동네 위치마다 차이가 있다.

'아지랑이 피어오르다.'를 강원도에서는 '아므레미 피어오르네.'라고 표현하며 아버지를 '아버이'라고 표현한다. 강원도의 끝말은 'ㅡ요, ㅡ사'가 있다. '그놈, 참 대단하드래요.'라는 표현이나 '옆집 아버이가 도왔줬드래요.' '얼마 전에 먹은 평양 국시가 참 맛있사.' '모넹이 그래도 참 괜찮사.'라고 표현한다.

ㅡ전라도

전라도 사투리의 마법의 언어는 'ㅡ잉' 이라는 말이다. '그라죠잉.' '아니다잉.' 그리고 '아따'라는 말은 전라도 사투리를 더욱더 구성지게 만든다. '아따, 거시기하요잉.', '아따, 잘되었구마이.'라는 표현을 쓴다.

ㅡ경상도

'가가가가'라는 말은 경상도에서 '그 아이가 그 아이니?'라는 뜻이 있다.

경상도는 중국처럼 성조가 있고 높고 낮음에 따라 의미가 달라진다. 숫자 2와 알파벳 E를 구분 짓는 성조가 있다. 끝말은 '-나', '-노'가 있다. '너희 집에 뭐 있나?', '멋있노.'라고 표현을 쓴다.

-제주도

제주도 사투리는 내륙과 바다가 떨어져 있는 까닭에 다른 지역 사투리와는 크게 다르다. 제주도 사투리는 의미를 짐작하기 힘들 정도이다. '무사?'라는 말은 '왜'라는 뜻이며 '게메'라는 말은 '그러게'라는 뜻이다. 제주도의 마법의 언어는 '-언'이다. '밥 먹언?' '밥 안 먹언?'과 '-핸' 이 있는데 ' 너 오늘 청소핸?'은 '너 청소했냐?'라는 뜻이다.

이처럼 거친 매력의 경상도 사투리, 구수함이 살아 있는 전라도 사투리, 느릿느릿한 매력의 충청도, 북한과 가까운 강원도, 이국적인 매력이 있는 제주도 등 각 특정 어휘와 단어들은 매력 있지만 사투리를 고치려면 사투리임을 제대로 알고 피해서 사용해야 한다.

3. 첫 음절에 힘주어 읽기

표준어를 구사하려면 정확한 어조가 필요하다. 정확한 어조를 가지기 위해 모든 단어 앞에 강세를 넣어 말하며 끝을 살짝 떨어뜨려주자.

선풍기	선!풍기
엄마와 아빠	엄!마와 아!빠
매미가 우는 걸 보니 여름이다.	매!미가 우!는 걸! 보!니 여!름이다.
너는 내게 첫사랑이었다.	너!는 내!게 첫!사랑이었다.

각 단어의 첫 음절에 힘을 줄 때는 볼펜을 들고 글자를 찍듯이 말하거나 첫 음절에 손뼉을 치거나 책상을 치며 첫 음절에 힘을 주며 끝을 살짝 떨어뜨리는 훈련을 해본다. 이러한 훈련을 하다 보면 소리의 시작점이 같아지고 어투가 동그랗게 변할 것이다.

사투리 교정은 정말 어려운 일이다. 어린 시절부터 듣고 자라온 습관을 바꾸는 것은 쉬울 수 없다. 하지만 많은 지역의 스피치 인재들이 리포터, 아나운서가 되는 것을 보면 불가능한 일은 아니라고 본다.

누구나 훈련을 통해 사투리를 교정하고 교정이 된다. 교정하는 그 힘든 과정을 통해 분명히 사투리가 줄어들고 표준어가 자라고 있을 것이다. 그리고 누구든지 나에게 몰입시킬 수 있는 주목받는 스피커가 될 것이다. 목소리의 선과 음률이 세련되고 신뢰감으로 가득하게 될 테니까!

2주차 - 콘텐츠

나만의
독특한
콘텐츠를
찾아라

01

말하기 원고는
직접 작성하라

내 이야기를 다른 사람이 써주는 순간 그 사람의 이야기가 된다

말하기 전 원고를 작성하면서 정말 해서는 안 되는 것이 있다. 다른 사람에게 원고를 써달라고 하는 일이다. "내가 어디 가서 말을 해야 하는 일이 생겨서 원고를 작성해야 하는데 네가 글을 잘 적으니깐 원고 좀 적어줘." 하고 부탁하는 것이다. 부탁해서 받은 원고로 어디 가서 말을 한다면 그 이야기는 절대 내 이야기처럼 되지 않는다. 말을 하는 사람도 남의 말을 하는 것처럼 느껴지고 듣는 사람 또한 그럴 것이다. 결국 분명 내용은 좋은데 이상하게 좋은 말이 되지 않는다. 괜히 더 잘 해보려 했다가 정말 말 못하는 사람으로 낙인찍힌다.

말하기를 잘하기 위해서는 원고를 쓰는 것이 어렵더라도 자신이 직접 작성해야 한다. 물론 말하는 것보다 말하기 원고 쓰는 게 더 스트레스인 사람들도 많다. 하지만 이제부터 말하기 원고 두려워하지 말자! 말하기 원고 직접 쓰기! 4가지 법칙대로 하면 걱정 없다.

내 이야기 완벽 원고 만들기 4가지 법칙
첫 번째, 임팩트 있는 헤드 카피를 놓치지 마라!

지난 학기에 한 기업과 콜라보로 기획했던 성인 스피치 강연은 행사의 타이틀 헤드 카피의 힘이 컸다. 보통 헤드 카피를 내놓을 때 "엄마 스피치"라는 형식으로 취하면 다소 딱딱하고 형식적인 수업이라는 생각 때문에 수강생이 많지 않다. 수강생 저조로 폐강하는 경우를 막기 위해 편안하고 의욕적인 헤드 카피를 고안해 "내 아이 발표왕 만들기! 엄마표 스피치"라는 타이틀로 바꿨다. 인기 강좌가 되었다. 강좌를 열면서 강좌에 참가한 사람들을 대상으로 조사해본 결과 참여한 대부분의 사람들이 강의의 헤드 카피 느낌이 너무 좋아서 의욕적으로 참석해보고 싶었다고 말했다.

강연을 기획한다면 강의 내용 구성뿐만 아니라 처음 보이는 헤드 카피 타이틀까지 신경을 써야 한다. 헤드 카피를 적지 못해서 원고 내용 작성을 시작하지 못하는 사람들이 많다.

헤드 카피를 잘 적기 위해서는 '티끌 모으기'를 잘해야 한다. '티끌 모아 태산'이 되는 법이다. 헤드 카피 티끌은 온라인 서점에서 인기 있는 책 제목, 히트 치고 있는 영화 제목, 지나가면서 보이는 간판 한 줄이다. 혹은 인터넷 뉴스에서 조회수가 많은 게시글의 제목이라든지 SNS에서 사람들이 많이 쓰는 유행어도 티끌로 모아둘 수 있다. 그렇게 자신이 모아둔 티끌로 맞춰 헤드 카피를 쓰면 태산 같은 원고가 된다.

두 번째, '조사'를 잘 조사하라!

헤드 카피 속 조사는 매우 중요하다. 예를 들어 '엄마 스피치'라는 타이틀과 '엄마표 스피치'는 별 차이가 없어 보인다. 그러나 자세히 들여다보고 생각해보면 '엄마 스피치'라는 것은 엄마들이 배우는 기본적 스피치 교육이라는 생각이 들 수 있지만 '엄마표 스피치'라는 것은 교육을 받아 내가 아이에게 요리를 해주듯 스피치해줄 수 있는 느낌을 들게 한다.

이렇게 조사 하나의 작은 차이로 느낌의 흐름을 확 바꿔버릴 수 있다는 것을 꼭 기억하고 조사를 잘 활용해서 글을 써야 한다.

세 번째, 핫이슈가 핫한 원고를 만든다.

사람들이 많이 검색하는 인기 검색을 활용하여 원고에 빗대어서 쓰자. 예를 들어 당신이 취업 준비생으로 말하기 원고를 준비해야 한다면 취업 준비생들의 인기 검색어를 검색해보고 1위를 찾아보는 것이다. 핫이슈를 찾아 그 주제에 맞게 진정성의 가치를 둔 말하기 원고를 작성하는 것이다.

예를 든다면 '취업 준비생의 공통 고민 5가지', '합격하는 사람의 공통점'으로 글을 작성하는 것이다. 글을 쓰고 말을 하는 시기와 상황에 맞게 인기 있는 핫이슈를 잘 활용하면 무턱대고 무엇을 써야 하는지 고민하는 시간이 확 줄어들게 된다. 그리고 매끄러운 말하기 원고가 될 수 있다. 그 원고로 말하기를 하였을 때 당신이 가지고 있는 생각, 가치관, 말하고자 하는 것을 훨씬 잘 전달할 수 있는 기회가 만들어진다.

네 번째, 함께하는 원고를 작성하라!

말하기 원고를 작성하다 보면 혼자 일방적으로 자신이 생각나는, 하고 싶은 말들로 채울 때가 있다. 그런 원고로 말하기를 한다면 혼자만의 일방적인 독백형 말하기가 된다. 그렇게 말하다 보면 사람들은 나의 말을 들어주지도, 들을 생각도 하지 않는다.

말이란 상대가 듣지 않을 때는 말하기가 아닌 완벽한 독백이 된다. 말하기 원고를 전개할 때 물음표나 생각하는 의미, 함축적인 말을 던져 생각하고 돌아오는 말이 있도록 소통으로 옮기는 원고를 작성하자.

이렇게 완벽한 말하기 원고 직접 쓰기, 4가지 법칙을 지키다 보면 원고를 더 쉽게 쓰고 좋은 말하기가 되는 자동화 시스템이 된다.

02

공감 말하기는
콘텐츠에 달렸다

콘텐츠로 공감하라

스피치 시대에 아직도 무작정 이야기하는 사람이 있을까? 이제 말하기
도 콘텐츠를 이용해야 한다. 콘텐츠 중에서도 듣는 이가 만족하는 콘텐
츠가 중요하다. '공감 말하기 콘텐츠는 과연 효과가 있을까?'라는 물음표
를 우선 말해보자.

공감 말하기 콘텐츠가 얼마나 중요한지는 성공한 국내 기업 '공감 말하
기' 콘텐츠 마케팅을 예를 들 수 있다. 5천 만 국민에게 말하는 CF를 하
기 때문이다. 5천 만 국민에게 말하기 위해 많은 기업이 '공감 말하기'의

콘텐츠에 중점을 두고 마케팅 방향을 잡았다.

지금까지 기업체들은 자신의 상품 설명과 상품의 효과에만 중점을 둔 딱딱한 광고로 고객에게 이야기하기 바빴다. 그러므로 고객의 눈높이에 맞춰 말해야 할 중요한 포인트를 놓치고 일방적으로 이야기했다. 그렇게 기업체 마케팅에서 가장 중요한 상품 이야기를 제대로 하지 못했다. 오히려 고객들이 좋아할 만한 가십거리나 환심 이벤트를 꾸며주는 것으로 마무리된 이야기였다. 그렇게 되면서 짧은 시간에 확 뜨고 망한 상품으로 돌아왔다.

하지만 지금 우리가 쉽게 접하는 기업의 상품 이야기들은 고객의 눈높이에 맞춰서 굉장히 재미있는 유머 코드나 감동의 코드로 콘텐츠화 되어가고 있다. 그러면서 우리는 그 기업에서 상품을 어떻게 말하는지 알아듣기 시작했다. 인기율이 상승하며 끝까지 그 상품을 기억하게 되었다.

무작정 재미있게 콘텐츠를 설정해서 그런 것은 아니다. 재미있거나 기억에 남는다는 것은 그 회사의 콘텐츠가 우리가 공감할 만한 가치를 가진 콘텐츠였다는 것이다. 기업의 제품이나 서비스를 고객들의 눈높이에 맞추면서 그 이야기를 만들어 30초 미학으로 만들어내는 최고의 기술을 가지게 된 시대가 되었다. 우리는 짧은 시간 내에 상품을 파악하고 그 기업이 말하고자 하는 것을 공감하고 판단할 수 있다. 이렇듯 많은 기업의

CF를 통해 훈련되어 있다.

상대의 눈높이에 공감을 얻어내는 말하기 '공감 말하기', '공감 형성', '경청' 등 공감에 관한 것들이 중요시되면서 들어보고 실천해보려고 노력했을 것이다. 그러나 공감의 시대도 사실은 갔다. 이제는 공감을 얻으려면 쉽게 말해서 '콘텐츠'가 중요하다. 그럼 그 중요한 콘텐츠는 어떻게 설정하고 말해야 할까?

성공적인 공감 콘텐츠 만들기

콘텐츠는 내가 만들고 싶은 콘텐츠도 분명히 중요하지만 내 말을 듣는 상대가 지금 무엇이 궁금하고 어떤 이야기를 듣고 싶어 하는지를 먼저 알아내어 그 알아낸 정보의 관점으로 이야기를 시작해야 한다.

나는 왜 이야기를 할 때 이 콘텐츠를 선정해서 말하는지의 목적을 파악하고 내가 말하는 대상자를 잘 파악해야 한다. 그리고 '공감 말하기' 콘텐츠는 사람의 마음을 얻는 것이 매우 중요하다. 그러기 위해서 말하려는 목적과 상대가 원하는 이야기에서 교집합을 찾아 이야기하는 것이 포인트다. 말하는 목적에 해박한 지식과 풍부한 경험을 통한 전문성 있는 자신만의 스토리가 더해져야 한다. 그리고 거기서 멈추지 않고 상대가 원하는 이야기가 있어야 타인은 당신의 말하기에 가치를 알아차리고 공감하기 시작한다.

그리고 당신이 가진 콘텐츠의 프라이드를 높게 사기보다는 당신의 말하기 콘텐츠에 얼마나 가치가 있는지를 강조하라. 가치는 노력을 통해 발생한다. 값어치가 있는 것, 충분히 갖고 싶어 할 만한 것이다. 더 쉽게 말하자면 가치는 남에게 도움을 주는 것이다. 즉 당신의 말하기가 듣는 사람에게 뭔가 도움이 되는 것이 좋다는 것이다.

간혹 대상 콘텐츠에 관심이 많아 그냥 무작정 무턱대고 말하기를 좋아하는 사람이라면 상대의 마음을 살 수도 없고 근본적으로 상대는 당신과 대화가 안 된다고 생각한다.

많은 사람들의 관심과 공감을 얻는 말하기는 기본적으로 말하기에 베풀고 나누고 위하는 마음이 녹아 있다. 작은 정보 하나를 나눠주고자 이야기하더라도 나 혼자 이야기하고자 하는 것이 아니라 도움을 주고자 하는 마음이 말 속에 드러나야 한다. 무엇보다 '공감 말하기'는 상대의 정서적인 니즈와 완벽하게 연결되어 있다. 사람은 대부분 자신이 말하고자 하는 내용을 직접적으로 표현하려는 경향이 강하다.

대부분의 사람은 행복 추구, 사랑받는 느낌, 경제적인 자유, 존중을 원한다. 원하지 않는 것은 나를 옥죄이는 스트레스, 갈등, 힘든 마음, 불확실한·미래이다. 여기에 맞춰 말하기에 콘텐츠를 잡고 말하면 '공감 말하기'는 당연히 성공이다!

03

청중을 휘어잡는 에피소드를
적재적소에 넣어라

말을 못할수록 에피소드를 이용하고 적재적소의 순간을 파악하라

"저 눈치 없는 인간!"

한 번쯤은 해봤을 욕이다. 사회에서든 집에서든 어디서나 말은 눈치가 되고 처세가 된다. '눈치 있게, 처세 있게'라는 말에는 판단력, 분별력, 상황에 대한 감각이 모두 포함된다. 하지만 이러한 판단력, 분별력, 상황 감각, 대처 능력이 없다면 눈치 없는 사람이 되어버린다.

"저 사람은 정말 센스 있어."

이것도 한 번쯤은 해봤을 칭찬이다. 상황에 대한 감각이 뛰어나고 눈치가 있고 처세술이 있는 사람이다. 센스는 적재적소에 필요하다. 적절하게 쓰일 때 빛을 발하는 능력이라는 말이다. 말도 그러하다. 청중을 휘어잡는 최고의 스피치 실력을 가진 사람들은 적재적소에 쓰이는 에피소드를 가지고 사용한다.

회사 생활 중 월요일 아침 조회 시간을 생각해보자. 아침을 시작하는 조회 시간이 30분이 넘도록 이어진다면 일주일의 시작인 월요일 아침부터 분명히 힘들어질 것이다. 긴 조회 시간을 이끄는 리더에게는 직원들의 볼멘소리가 분명히 들려올 것이다. 그것은 직원들의 찡그린 표정이나 넋이 나간 표정이나 한숨으로 표현된다. 말하기는 이런 적재적소를 파악하는 능력에 달려 있다.

지금 내 말을 듣는 청중이 누구인가? 지금 상황은 어떠한가? 예민하게 관찰해보고 어떤 말을 할지를 결정하는 것이다. 그렇다면 리더는 긴 조회 시간을 만들지 않게 될 것이다. 짧은 조회로 오히려 환영받는 리더가 될 것이다.

말을 시작한다면 무미건조한 언어 전달이 아닌 에피소드를 이용해 풍성하게 전달해야 한다.

말재주가 없고 청중을 휘어잡는 방법이 무엇인지 모르는 사람일수록 더욱더 에피소드를 이용해야 한다. 에피소드는 청중의 머릿속으로 들어가 영상을 떠올리게 하는 힘을 가졌다. 그러면 마치 그 이야기를 자신의 이야기처럼 생각하고 현장감 있게 느낀다.

어릴 때 자기 전에 들었던 옛날이야기를 생각해보면 된다. 머릿속으로 펼쳐지는 영화 같은 그 느낌을 아직도 잊지 못할 것이다. 에피소드도 듣는 이의 머릿속에 영화처럼 펼쳐지므로 청중을 휘어잡는 최고의 능력이 된다.

만들어라, 에피소드!

생생한 에피소드를 만드는 법은 3가지 각을 이용하면 된다.

첫 번째, 시각이다.

말 그대로 상대에게 보여주는 것이다. 에피소드에 관련된 사진이나 동영상을 보여주면서 이야기를 시작하는 것이다.

두 번째, 청각이다.

자신의 에피소드를 표현하는 문장이나 단어 선택을 잘 해서 전달하는 것이다.

세 번째, 감각이다.

나의 시각과 청각이 모이면 자연스럽게 감각은 만들어진다.

굳이 만들어서 이야기하지 않아도 이미 전달받는 사람에게 느껴지는 호감 또는 비호감 긴장 상태, 편안한 상태, 열정이 뜨거운 상태, 열정이 식은 상태가 만들어진다.

이렇게 3각을 잘 이용하여 말하기를 할 때 나의 에피소드는 청중을 휘어잡는 최고의 콘텐츠 도구가 될 것이다. 생활 속의 에피소드, 자신이 경험했던 에피소드 등 어떠한 에피소드도 잘 전달할 수 있게 된다. 유명한 사람의 에피소드를 주제에 맞춰 이야기하는 것도 나쁘지 않다. 에피소드를 꼭 자신의 이야기만으로 꾸미지 않아도 된다. 고전, 우화의 교훈 또는 영화나 책의 스토리, 유머 일화로 대화의 주제와 기준에 맞춰 디테일이 생생하게 살아 있는 말하기 콘텐츠를 잡아도 좋다.

청중은 나의 디테일이 살아 있는 에피소드를 듣고 말하기의 주제를 스스로 파악하며 배우고 깨닫고 공감한다. 그리고 구구절절한 설명 없이 나의 이야기를 스스로 파악하고 결론짓게 된다. 대화에서 굵직하고 무거운 논리 설명과 결론을 지어버리는 힘든 말하기는 별로 좋지 않다. 그런 방법보다는 디테일이 살아 있는 에피소드 하나로 청중의 생각과 가치관에 공감이 생기게 하는 것이 좋다. 그리고 청중 스스로 만날 수 있도록 해준다. 디테일이 살아 있는 생생한 에피소드가 하는 역할은 바로 이것이다.

청중을 사로잡고 싶은가? 그렇다면 무조건 에피소드를 사용하라! 뉴스 기자처럼 딱딱한 정보 설명만 하기보다는 구성이 잘된 드라마 한 편을 본 듯한 에피소드로 말이다.

한 편의 드라마와 같은 풍성한 에피소드를 적재적소 상황에 맞게 적절하게 사용해라. 생생하고 풍성한 에피소드와 적재적소의 센스가 만났을 때 비로소 청중을 휘어잡는 힘이 생긴다.

베스트 스피치

사람 대 사람으로
사람들에게 열정을 불어넣는 김창옥 교수

지금도 우리 동네에는 김창옥 교수 토크 콘서트의 현수막이 붙어 있다. 김창옥 교수는 현재 절정의 인기로 많은 사람들에게 존경받고 있는 사람이다. 한국 스피치계에서는 첫 번째 남성 명강사이다.

김창옥 교수는 공업고등학교를 다녔다. 고등학교 3학년 때 성악을 배웠다. 공업고등학교에서 성악을 배우는 일은 흔치 않다. 더 흔치 않은 일이 생겼다. 김창옥은 명문대 성악과에 당당하게 합격했다. 김창옥 교수는 도전적인 인물이다

"꽃이 예뻐 보이는 이유는 내 안에 꽃이 있기 때문이다."

이 말은 김창옥의 명언으로 유명하다. 그의 청중을 이해하고 어루만지는 스피치로, 청중은 이해받고 위로받는 강연을 많이 한다. 김창옥의 스피치는 대본 없는 스피치다. '연극을 전공한 게 아닐까?'라는 의심이 들 정도로 내면적 에너지를 꺼내어 몸짓과 표정을 다하여 말한다.

그리고 다소 거친 단어를 자유롭게 쓴다. 하지만 그런 표현을 어울리게 소화해서 청중의 웃음과 공감을 일으킨다. 김창옥 교수의 스피치로 우리는 알아야 한다. 스피치는 언어적인 것으로만 끝나지 않는다는 것을!

3주차 - 제스처

제스처
전달력을
10배로
높여라

01

제스처의
기본원칙을 익혀라

몸짓을 읽고 몸짓으로 말하다

학교 다닐 때가 생각난다. 수업 시간에 우리 반 친구들이 목소리를 높여 떠들면 선생님은 아무 말 없이 칠판을 쾅쾅 빠르게 두 번 두드리셨다. 우리는 선생님의 칠판 두드리는 소리에 일제히 조용해진다. 그러면 선생님은 또 아무 말 없이 수업을 진행하셨다. 아무 말 없이 칠판을 두드리는 제스처로 우리가 떠들어서 선생님께서 화가 많이 나셨다는 것을 알 수 있었다. 선생님이 굳이 이야기를 하지 않으셔도 알 수 있었다. 그리고 그 뒤로는 일제히 조용히 수업에 집중했다. 이처럼 제스처는 신체적으로 표현하는 언어의 일종이다.

일명 몸짓 언어라고 부르기도 한다. 음성 언어로 전달하지 않아도 몸짓으로 말하는 제스처 하나로 대화가 되는 경우가 많다. 해외여행에서도 언어가 통하지 않아도 오로지 보디랭귀지 하나면 만사 오케이다. 사랑한다는 의미로 머리 위에 하트를 그리면 세계 민족이 모두 알아듣고 웃는다. 어디서 연주를 듣고 감명을 받아 표현하고 싶은데 언어적 표현이 안 되더라도 아무 말 없이 박수를 힘차게 치기만 하면 된다.

이렇게 제스처라는 것은 사회적 관계에서 상직적인 교환이다. 그리고 우리는 상징적 교환을 통해 의미를 공유하게 된다. 그리고 관계가 형성된다.

세계적 가수인 싸이도 보디랭귀지 하나로 승부를 봤다. 춤 강남스타일은 말춤이라는 춤으로 세계를 춤추게 했다. 강남스타일은 영어 버전과 한국어 버전으로 딱 두 가지 버전밖에 없다. 그러나 세계적으로 문화, 인종, 언어를 통일시켜버린 보디랭귀지는 바로 말춤이었다. 누구나 따라 할 수 있는 쉬운 동작으로 이루어진, 열정적인 싸이의 말춤이야말로 언어적 소통을 없애버리고 싸이를 세계적인 가수로 만들어준 제스처이다.

비언어적 요소인 보디랭귀지, 제스처는 누군가와의 의사소통에서 음성으로 할 때보다 훨씬 크고 강력하게 작용한다. 제스처는 감정을 표현하는 수단으로도 이용된다.

부끄러우면 얼굴을 가리고, 화가 나면 무언가를 던져버리고, 슬프면 고개를 푹 숙이고 어깨를 들썩이며 눈물을 흘리는 경우가 있다. 제스처는 우리의 정신세계에까지 영향을 미칠 정도로 큰 영향력을 가졌다. 큰 영향력을 가진 언어의 일부분이기에 내 몸값을 올리는 성공적인 말하기를 하려면 제스처를 제대로 배워서 사용해야 한다.

제스처 기본 원칙 내 몸값 올리기

제스처의 기본 원칙 3가지를 통해 시작하자.

첫 번째는 근육을 편안하게 해주자!

제스처는 우리 신체 근육의 운동으로 이루어진다. 그러므로 근육을 편안하게 해주는 스트레칭 동작을 많이 해야 한다. 스트레칭은 테스토스테론이라는 호르몬을 분비시킨다. 테스토스테론은 대표적 남성호르몬으로 전반적인 건강, 의식, 욕망을 조절하는 호르몬이다. 스트레칭 동작으로 인해 테스토스테론을 분비시켜 우리에게 담력이라든지 인내, 리더십을 자극하여 자신감을 만들어준다. 실제로 논문 발표 중 하버드 경영대 학생들이 면접을 보기 전 스트레칭을 한 사람은 합격, 스트레칭을 하지 않은 사람은 불합격자 수가 높았다고 한다.

두 번째는 표정도 제스처라는 것을 인지하자!

사람을 결정하는 요소 중 가장 큰 요소가 시각적 요소다. 그리하여 얼굴은 안 보고 싶어도 보게 된다. 얼굴에서 가장 먼저 나타나는 것은 그 사람의 눈, 코, 입 모양새가 아닌 그 사람을 나타내는 표정이다. 우리가 회사에서 직장 동료의 표정을 보고 그 사람의 기분이나 컨디션을 알 수 있듯 표정은 그 사람의 모든 것을 나타내는 제스처이다.

심리학자인 리처드 와이즈먼은 자신이 행복하다고 생각하며 행복한 것처럼 행동하면 정말로 행복해질 확률이 현저히 높다고 말했다. 표정은 신체에도 영향을 주고 타인에게도 영향력을 행사한다. 그러므로 표정 또한 제스처라는 것을 인지하고 제대로 된 표정을 만들어야 한다. 자신이 예상치 못한 상황이 다가왔을 때 표정을 잘 관리하는 것이 중요하다. 표정은 제스처 중 가장 크게 영향력을 행사하기 때문이다.

세 번째는 적극적으로 제스처를 사용하자!

이야기할 때 제스처를 사용하면 상대와의 소통이 아주 자연스럽고 원활하게 흘러갈 수 있다. 영어 단어를 하나 외울 때에도 그 단어를 소리 내서 말하고 쓰기를 통하여 그 단어에 맞는 동작인 제스처를 하면 훨씬 잘 외워진다. 인지적 능력을 높일 수 있는 것도 적극적 제스처의 힘이다. 프레젠테이션을 하는 발표자가 적당한 포인트에서 손동작을 취하면 훨씬 자신감 있어 보여 프레젠터로서 좋은 인상을 남길 수도 있다.

목소리의 톤이나 크기, 말하는 속도 조절을 잘해야 말하기에 효과가 있듯이 제스처 역시 말하기를 효과적으로 하는 데 중요한 역할을 한다.

제스처는 우리의 말하기를 좀 더 완벽하게 만들어줄 최고의 동작이다. 제스처의 3가지 기본 원칙을 잘 익혀서 우리의 말하기를 완벽하게 만들고 우리의 몸값을 확실히 올리자!

02

완벽한 제스처는
말을 빛나게 한다

제스처가 있기에 말이 빛난다

완벽한 제스처는 말을 빛나게 한다는 말을 100% 자기 것으로 만든 대표적인 인물이 있다. 바로 존 F. 케네디이다. 미국의 정치가이자 제35대 대통령이다. 그냥 대통령이 아니다. 1961년 미국 역사상 최연소이자 최초의 가톨릭 신자로 미국의 대통령이 되었다.

존 F. 케네디가 대통령 선거에 출마하였을 때 미국의 부대통령을 8년간 한 리처드 닉슨이 대통령 유력 후보자였다. 하지만 그 유력 후보는 확 뒤집혀버렸다. 확 뒤집어버린 것은 바로 케네디와 닉슨의 TV 토론이었다. 8년간 부대통령으로 활동한 리처드 닉슨은 노련한 정치가로서의 면모를 보였다. 존 F. 케네디의 공격에 대해 상당히 논리적이고 현명하게 대처했다. 하지만 TV 토론 내내 닉슨은 상당히 사무적인 딱딱한 태도를 보였다. 웃음기라고는 어디에도 없었다. 긴장을 했는지 식은땀이 줄줄 흘러내리는 모습까지 보였다. 그러나 닉슨과는 다르게 존 F. 케네디는 TV 토론 내내 카메라 정면을 바라보며 시청자들과 눈 맞춤을 하는 행동을 보였다. 그리고 상냥한 웃음을 멈추지 않았다. 말과 적절하게 어우러진 제스처가 존 F. 케네디를 더 품격 있게 보이게 했다. 사실 케네디는 닉슨만큼 TV 토론에서 현명하고 논리정연하지는 못했다. 하지만 사람들은 존 F. 케네디에게 표를 주었다. 사실 존 F. 케네디의 행동은 스스로 모두 계획하고 연습했던 제스처였다. 제스처의 계획은 완벽하게 맞아떨어졌고 그는 대통령 자리에 올랐다. 이렇게 1960년 9월 26일에 있었던 닉슨과의 TV 토론은 비언어적 표현 수단인 제스처가 얼마나 중요한지를 알게 했다.

미국 대통령 선거 운동에 새로운 장을 열어놓은 것이다. 존 F. 케네디 대통령은 대통령이 된 이후에도 웅변과 제스처를 무기 삼아 국민에게 호소하는 방법으로 이용하였다. 또 다른 기자 회견이나 공식 석상에서도 아주 유용하게 활용하며 정치를 했다.

미국뿐만이 아니다. 우리나라에서 비호감으로 알려졌던 연예인 노홍철이 있다. 노홍철은 말이 많고 이해할 수 없는 독특한 세계관으로 비호감 연예인이었다. 하지만 그는 말보다 더 많은 제스처 사용으로 대중의 호감을 상승시켰다. 노홍철은 특히 상대방이 이야기를 할 때 고개를 끄덕이는 행동을 많이 보였다. 그러므로 대중에게 긍정적이고 적극적인 사람으로 이미지가 만들어지고 구축된 것이다. 제스처가 아니라도 노홍철 씨의 끊임없는 노력이 있었을 것이라고 생각한다. 비호감이었던 노홍철 씨의 긍정적인 제스처 동작이 비호감을 호감으로 만들었다. 그러자 자연스럽게 자신을 사랑스러운 오버액션 캐릭터로 만들었다.

노홍철 씨에게는 긍정적이고 적극적인 제스처가 새로운 인생을 선물한 것과 마찬가지라고 볼 수 있다. 제스처는 단순히 신체적인 움직임을 표현한 것이 아니다. 소리와 함께 제스처를 하므로 사람의 마음을 움직이는 힘까지 발휘하게 된다.

존 F. 케네디, 노홍철의 경우만 봐도 제스처는 말을 더욱더 빛나게 하고 우리를 성공의 자리까지 이끈다.

그뿐만이 아니다. 완벽한 제스처는 카리스마까지 만들어준다. 청중의 기억에 오래 남도록 만든다. 완벽한 제스처를 존 F. 케네디처럼 연습하고 지속적으로 한다면 우리도 존 F. 케네디처럼 최고의 리더나 대통령이 될 수 있다.

노홍철 씨처럼 비호감이었던 우리도 긍정적인 완벽한 제스처를 숙지하여 몸에 익힌다면 비호감이었던 캐릭터가 바뀔 것이다. 바로 대인관계에서 사랑스러운 긍정의 요정, 적극적이고 열정 있는 캐릭터로 바뀌어간다. 제스처는 우리의 몸짓이기에 우리의 감정과 생각과 행동에 변화를 주기도 한다.

완벽한 제스처는 말을 빛나게 하는 데 실수하는 부분이 된다. 대부분의 사람은 무의식적으로 제스처를 취하고 말과 다르게 행동하게 된다. 그러면 제스처 때문에 오히려 말을 바꾸고 오해를 사는 실수를 범하게 된다. 그런 실수를 하지 않으려면 완벽한 제스처를 숙지해야 한다. 예를 들면 어려운 자리이고 가기 싫었던 자리이지만 만나는 상대를 위해 마음을 숨기고 그들과 있는 시간이 편안하고 즐겁다는 식으로 완벽하게 제스처를 하면 된다.

완벽한 제스처는 성공을 만든다
- 악수하기
무의식적으로 신뢰를 쌓는 방법이다. 악수라는 스킨십을 통해 상대에게 내 체온을 전달하며 '당신을 위협하지 않습니다.', '당신을 믿습니다.',

'당신에게 협조합니다.'라고 표현하는 것으로 무의식적 신뢰를 쌓는 방법이다.

- 눈썹을 올리며 눈 크게 뜨기

우리는 반가운 사람을 만날 때 얼굴이 환해진다. 그때 눈썹이 하늘 위로 치켜 올라가고 눈은 커지게 되어 있다. 이 동작을 빠르게 이어갈 수 있게 훈련을 하면 누군가를 만날 때 인사를 하면서 이 제스처를 보이면 상대에게 최고의 호감을 얻을 수 있다.

- 앞쪽으로 몸을 기울이기

사랑하는 관계인 남녀가 카페에 있는 모습을 보면 테이블을 두고 서로 의자를 바짝 당겨서 앉아 있다. 상대에게 긍정적일수록 몸은 앞으로 기울어진다. 그리고 몸을 앞으로 기울여 상대의 말을 들으면 상대의 말을 더 많이 끌어낼 수 있다.

이러한 완벽한 제스처를 숙지한다면 어려웠던 자리 또한 이겨낼 수 있다. 제스처는 전달하는 내용의 전달력을 높여주는 완벽한 시각 언어이다. 빛나는 말은 10배의 전달력을 가지게 된다. 빛나는 완벽한 말을 완벽한 제스처로 만들어보자.

03

제스처는 말이
청중의 마음에 닿게 한다

마음에 닿는 소리 없는 말

나는 개인적으로 제스처는 최고의 언어라고 자주 표현한다. 제스처는 그렇게 표현해도 과언이 아니다. 우리 조상에게는 문자조차 없는 시대가 존재하고 그 시대에도 우리 조상은 몸짓으로 말을 하며 살아왔다.

업무가 바쁜 회사에서 마음 맞는 동료와 눈을 딱 마주치고 손을 이용해 마시는 제스처만 보여줘도 상대는 웃으며 고개를 끄덕인다. 아무 말 없이 제스처 하나로 오늘 저녁 맥주 한 잔의 약속이 성립됨을 알 수 있다. 부장님과 지루한 회식 자리에서도 마음 맞는 동료에게 윙크 한 번 날리고 "부장님, 오늘 애가 아프다네요. 먼저 들어가봐야 할 것 같습니다."

라고 말하면 윙크 제스처 하나로 동료에게 '먼저 가볼게.'라고 이야기하는 것이다. 이렇게 우리는 음성으로 말하지 않아도 제스처 하나를 통해 모든 의사소통이 된다는 것을 알 수 있다.

찰리 채플린이라는 배우가 유명해진 건 사일런트 영화이다. 사일런트 영화는 녹음이 없는 영화이다. 찰리 채플린은 감독과 배우 활동을 함께 하며 아무 말 없이 표정과 몸짓만으로 영화 내용을 전달하고 하물며 감동까지 안겨주었다. 제스처의 힘은 어디까지일까? 언어적 표현을 하지 못하는 신생아도 하루 종일 울거나 웃으며 '베이비사인'이라고 불리는 신생아 보디랭귀지로 표현한다. '베이비사인', '신생아 보디랭귀지'는 아기가 어른들의 몸짓을 익히기 위해 본능적으로 움직이는 몸짓이다. 아기가 나름대로 이해한 상황을 전달하려고 몸짓으로 표현하는 것이다. 예를 들면 본능적인 사인으로 배가 고플 때 자신 얼굴 가까이 닿는 손가락을 고개로 따라온다거나 턱을 치켜들거나 손가락이 저절로 펴지는 것은 본능적으로 보디랭귀지를 하는 것이다. 또 상징적으로는 전화기를 표현하는 것으로 자신의 손을 귀 옆에 가져다 붙여 표현하는 보디랭귀지를 하기도 한다. 이렇게 제스처는 우리의 본능, 무의식을 대변한다. 예를 들면 불안감이 들 때 손톱을 물어뜯게 된다. 거짓말을 할 때 상대의 눈을 나도 모르게 피하게 된다. 그리고 시간에 대한 압박이 오면 자신도 모르게 자꾸

벽에 걸린 시계에 눈이 간다. 이렇게 자신의 내면적인 것이 무의식적으로 표현될 때가 있다.

생각해보자. 제스처는 우리의 마음과 나의 무의식까지 표현해낸다.

제스처의 개념을 확실히 사용한 사람은 미이드라는 사회심리학자이다. 미이드는 몸짓이나 손짓은 단순히 움직임이 아니라 내면적인 심리적 과정을 표현한다고 말했다. 제스처는 사람의 마음 깊은 곳까지 전달되는 언어이다.

올바른 제스처는 실수의 제스처를 먼저 배우는 것이다

몸의 언어인 제스처는 항상 좋은 언어만 표현하지 않는다. 혹은 나도 모르게 스스로 인식하지 못하는 나쁜 표현의 제스처가 상대의 감정을 건드릴 수 있다. 사람들이 가장 많이 하는 제스처 실수가 있다.

첫 번째, 누가 봐도 구부정한 자세

구부정한 자세는 상대에게 '저는 당신의 말을 듣기도, 당신과 대화하기도 싫은데요?'라고 말하는 것과 같다.

두 번째, 언어와 함께 사용되는 오버 제스처

상대에게 나는 무언가를 숨기고 있다고 말하는 것과 같다. 이런 제스처를 안 하기 위해서는 몸 안에서 밖으로 빠지는 동작을 하는 열린 제스처를 하는 것이 좋다.

세 번째, 턱을 괴고 팔과 다리를 꼬는 자세

턱을 괴고 다리를 꼬는 자세로는 상대의 이야기를 아무리 기분 좋게 듣더라도 상대가 당신이 자신을 비꼬거나 무시하고 있다고 느낌을 받거나 끝까지 말을 하지 않는 경우도 있다. 팔이나 다리 등 무언가 꼬는 행동이 내가 아무리 편안한 자세여도 상대에게 다리를 꼬고 턱을 괴는 것을 보여주지 않는 것이 좋다.

네 번째, 눈 맞춤을 피하고 다른 곳에 시선이 고정되어 있는 자세

눈 맞춤을 피한다는 것은 관심이 없거나 당신에게 기가 죽었거나 자신 없다고 말하는 것과 같다. 그러므로 상대에게 눈을 맞추는 제스처를 보여주면서 '저는 당신의 이야기를 잘 듣고 있습니다.', '저는 자신 있습니다.' 하는 긍정의 표현을 하는 게 좋다.

올바른 제스처를 하기 위해서는 해서는 안 되는 제스처를 먼저 배우는 것이 순서이다.

그리고 올바른 제스처의 사용으로 청중에게 말하고자 하는 내용을 마음에 닿게 할 수 있다. 그리고 제스처로 당신의 말의 전달력을 10배로 높일 수 있다. 청중에게 마음이 닿는 제스처 지금부터 연습하고 실천하자.

4주차 - 공감대

청중을
다루는
기술

01

청중의 목적과
관심사를 파악하라

청중의 목적과 관심을 파악하라!

우리가 월드컵 경기장에서 뛰고 있는 축구 선수라고 설정해보자. 월드컵 경기장에는 축구 선수만 있는 것이 아니다. 선수들을 응원하는 청중들로 가득할 것이다. 일단 청중이 선수에게 바라는 게 무엇일까? 바로 골이다. 그런데 무작정 골만 많이 넣기를 바라지 않는다. 청중은 적재적소 환상적인 슛을 기다리고 있다. 거기에 팬들을 보며 감동적인 세레머니를 해주기를 원하고 있다. 월드컵에 뛰고 있는 선수를 응원해주러 온 청중을 위해서 선수는 열심히 공만 보고 골을 넣는 것만 하는 게 아니라 청중이 무엇을 얻고자 이 경기장에 왔는지 생각해봐야 한다. 어떤 결과를 얻어서 이 경기장을 나가고 싶어하는지를 생각하는 것이다.

가볍게 생각하면 관객이 얻고 싶어하는 결과 중 숫만을 생각하는 것이고 깊게는 어떤 상황에서 어떤 킥, 어떤 세레머니를 좋아할까까지 생각하는 것이다. 생각을 깊게 하고 청중의 목적과 관심을 파악하는 선수는 분명히 월드컵 경기장에서 가장 많은 팬층을 보유하는 선수가 될 것이다. 이를 스피치 상황으로 비교해보아도 똑같다. 말을 하는 사람은 청중의 목적과 관심이 전혀 없는 주제를 가지고 계속해서 이야기한다면 청중은 전혀 반응을 보이지 않을 것이다. 청중의 목적과 관심이 없었기에 듣고 싶지도 않고 들리지도 않을테니까! 면접, 프레젠테이션, 발표 등 공적인 상황 또는 흔한 우리의 일상 속 스피치, 친구와의 대화, 부모와 자식의 대화 등 어떠한 형식의 스피치라도 목적과 관심은 분명히 있다.

말하는 사람 vs 듣는 사람. 두 사람 모두 다 목적과 관심이 있다. 말을 하는 사람의 목적과 관심은 무엇일까? 말하는 사람은 말을 듣는 사람이 자신의 말에 행동하게 하고 공감이라는 관심이 있었으면 하는 것이 목적이다. 말을 듣는 사람의 목적은 내가 들을 수 있는 목적, 들으면 들을수록 재미있고 관심이 가는 내용이었으면 한다는 것이다. 예를 들어보겠다.

어느 날, 딸아이가 남자친구와의 첫 이별을 겪고 돌아와서 너무 속상하다고 이야기했다. 여기서 딸아이가 나에게 듣고 싶은 이야기의 목적은 무엇일까? 먼저 생각해보자. 분명 딸아이의 목적은 위로일 것이다. 그러면 그 목적대로 말해주는 것이다

"딸아, 너의 마음을 알 것 같구나. 넌 무척 속상한 게 맞단다. 헤어짐이 있어야 또 다른 만남이 있는 법이야."

사랑하는 딸의 슬픔에 대해 이렇게 목적에 맞는 대답만 남기고 끝낼 것인가? 아니다. 딸이 내 이야기에 관심을 가지고 들을 수 있도록 이야기해야 한다.

"딸아, 너의 마음을 알 것 같구나. 넌 무척 속상한 게 맞단다. 헤어짐이 있어야 또 다른 만남이 있는 법이야. 엄마도 너처럼 남자친구와 헤어져본 적이 있단다. 엄마도 그때 세상이 무너지는 듯 슬퍼서 밥도 먹지 않았어. 슬픔은 계속될 것만 같았지만 그 슬픔도 잠시였단다. 덕분에 사랑이 무엇인지 확실히 알았고 이별의 아픔이 얼마나 쓴지도 알게 되었어. 그렇게 사랑의 철학이 생기며 더 똑똑하게 사랑할 수 있었단다."

비록 사랑의 아픔을 안 느껴봤을지라도, 사랑하는 딸을 위해 약간 지어내며 말을 했을 수 있다. 그러나 딸이 원하는 위로의 목적과 사랑의 아픔이라는 관심사로 모두 이야기했기에 청중자였던 딸은 굉장히 만족했을 것이다. 엄마의 스피치가 자신의 상황과 목적에 꼭 맞아 떨어졌으므로 딸이 가슴속에 깊이 새겨두었을 것이다.

공적인 상황에서도 같다. 프레젠테이션을 할 때 발표자는 청중에게 정보나 스토리로 유익한 시간이 되도록 해야 한다. 청중자가 자신의 프레젠테이션과 관련된 이유가 무엇인지 알아야 한다. 청중자가 참석하여 프레젠테이션을 듣고 보기 위해 참석한 귀한 시간의 가치를 보상해주어야 한다. 이러한 방법이 프레젠테이션을 하는 목적이 되는 것이다.

모든 스피치에서 청중은 상대가 말하고자 하는 스피치 목적을 알 권리가 있다. 듣거나 안 들을 수 있는 선택도 있는 법이다. 우리가 지금 하고 있는 스피치가 어떠한 상황에서 왜 하는 것인가? 특히 말하고자 하는 사람은 어떠한 목적을 가지고 말을 하려고 하는지 잘 생각해보고 스피치의 관심과 목적을 생각해보아야 한다.

지금 우리는 월드컵 경기장을 뛰고 있다. 지금부터 나를 응원하고 기다리는 청중의 목적과 관심부터 파악하고 뛰어보자! 분명 당신은 엄청난 팬을 보유하게 될 것이다.

02

청중과 감성 코드가 맞으면
두려움은 사라진다

상대의 감성 코드에 전원을 켜라

스피치 강사라는 직업 특성상 나는 매일 새로운 사람을 만난다. 그렇
다 보니 매일 첫인상에 신경 쓸 수밖에 없다. 그래서 그런지 첫인상의 중
요성에 대해서는 누구보다 강력하게 말한다.

3초에서 10초 사이에 결정이 되는 것이 첫인상이다. 첫인상은 개인의
주관적 기준으로 해석이 된다. 그리고 사람마다의 첫인상 해석은 평생
기억으로 남게 된다. 그래서 더더욱 스피치 강사라는 입장에서는 늘 신
경 쓰이고 신경 쓰는 부분이다.

나는 따뜻한 인상은 아니기 때문에 '내가 차갑게 생겨서 사람들이 딱 딱하고 냉정하게 느끼지 않을까?' 걱정을 한다. 걱정되는 부분이 있지만 청중의 감성 코드를 공략한다면 문제가 되지 않는다. 감성 코드의 공략을 철저히 준비하고 노력해서 내 것으로 만들어야 한다. 그렇다면 당신의 한마디 한마디는 청중과의 코드를 결합시킨다. 청중과의 코드결합은 좋은 첫인상과 강렬한 느낌을 만든다. 청중과의 코드 결합은 청중이 나에게 완벽하게 넘어오게 하는 힘이 있다. 청중이 나에게 넘어온 순간, 그 순간부터는 어떤 컴플렉스든 두려움이 사라진다.

청중과의 감성 코드를 맞추기 위해서는 먼저 청중의 니즈 상황을 파악하면 된다. 니즈 상황을 파악하는 것은 매우 어려운 일이다. 하지만 청중의 유형을 파악하면 니즈 상황을 파악하는 것이 쉽다.

강의를 하다보면 청중의 특성이 회사에서 어쩔 수 없이 온 상태인지 아니면 적극적으로 자기 계발을 위해 공부를 하러 온 청중인지 그들의 니즈 상황을 바로 알 수 있다. 기업체 강의에는 회사에서 보내어 근무의 연장으로 어쩔 수 없이 온 청중이 있다. 그런 강의에서는 청중의 마음을 헤아려 이해해주고 공감해주면 감성코드가 결합된다. 자기 계발을 위해 스스로 찾아 온 청중은 강의 주제에 대해 깊게 알려주면 된다.

항상 교육생과 강사 그리고 교육생과 교육생 사이에는 알지 못하는 기류가 흐른다. 서로에 대한 긴장감으로 흐르는 기류이다. 긴장감은 서로에 대해 잘 알지 못한다거나 내가 왜 여기에 왔는지부터 시작해서 "청중석에 앉아 있는 저 사람은 여기에 왜 왔는가? 강사는 오늘 무엇을 이야기할 것인가?"에 대한 물음표로부터 시작된다.

교육장에서만 그런 것은 아니다. 회사 부서와 팀 사이에서도 그렇다. 조직 상하 직책이 모인 자리에서도 물음표로 시작하기에 긴장하게 된다. 청중만 긴장하는 것일까? 아니다. 청중과 강사도 서로 알지 못하는 관계이기에 강사와 청중 모두 긴장하게 된다.

서로 긴장을 하고 있다면 감성 코드를 찾아라! 그것은 긴장감과 두려움을 사라지게 만드는 열쇠를 찾는 것과도 같다. 청중과의 감성 코드를 맞추려고 한다면 말을 잘하려고 노력하기보다는 청중을 먼저 배려하고 관심을 갖는 것이 먼저이다. 먼저 관심과 존중의 마음으로 바라보는 시선으로 상대를 이해하기 시작하는것이 부드럽지만 강하게 청중의 감성을 훔치는 기술이다.

관심을 가지지 않거나 배려하지 않는다면 절대로 청중의 감성을 훔칠 수 없다. 감성을 못 훔치면 결국 의사소통이 불가능해지면서 긴장과 두려움이 또 생긴다. 청중과의 의사소통은 감정이 교류되는 상호 작용이다. 말을 잘해서 상호 작용이 일어난다기보다 배려, 관심, 존중으로 의사 소통을 하다 보면 진정한 상호 작용으로 감성 코드가 맞는다.

세렌디피티! 중대한 발견

감성 코드가 맞다는 것은 바로 세렌디피티(serendipity)다. 뜻밖의 발견, 의도하지 않는 발견, 운 좋게 발견한 것을 뜻한다. 청중과 일치하는 감성 코드를 찾아내는 능력인 것이다.

세렌디피티 능력은 우리에게 그냥 찾아오지는 않는다. "우연한 내일은 없다."라는 말처럼 우리는 감성 코드를 맞추기 위한 배려, 관심, 존중의 마음을 가지고 소통할 때 청중과의 감성 코드를 맞추는 목표에 도달하는 것이다.

배려는 깊고 어려운 것이 아니다. 그저 청중의 직함, 직위, 이름, 소속 등을 잘 파악하고 기억해서 실수 없이 불러주는 것이 배려이다. 식당에 들어가면 주인 아주머니가 "아이고, 아가씨 또 왔네! 깍두기 좋아하지?"라며 깍두기를 더 주시며 반겨주는 것과 같은 것이다. 여기서는 주인 아주머니의 두 번의 관심이 필요하다.

'어떤 메뉴를 시키나? 아가씨 같아 보이네. 깍두기를 좋아하는구나' 단순한 첫 번째의 관심이 두 번째 관심인 기억력으로 아가씨에게 말을 건네는 것이다. 이렇게 두 번의 관심으로 관심의 말을 듣는 청중은 마음이 따뜻해지며 주인 아주머니 덕분에 그 식당은 따뜻한 감성 식당이 된다. 관심은 신뢰를 만들어낸다. 그리고 자연스럽게 신뢰가 형성되면서 존중이 생기는 것이다. 청중과의 감성을 맞추는 일은 어렵지 않다.

시작하라! 청중과의 감성 코드를 맞추는 일. 상대의 니즈 상황을 파악하고 배려와 관심 존중으로 보고 이해하기 시작한다면 분명히 당신은 세렌디피티 감성 코드를 발견하게 될 것이다. 그리고 최고의 의사소통을 통해 최고의 상호 작용이 일어날 것이다.

아직도 청중과의 감성 코드가 두렵고 긴장되는가?

03

강연 첫 10분 동안
청중 공감대를 형성하라

골든 타임

골든 타임이란 사람의 생사가 오가는 위급한 상황에 사람의 생명을 살릴 수 있는 시간을 뜻한다. 강연에서의 골든 타임은 강연 시작 후 10분이다. 그 10분에 강연의 생사가 달려 있는 것이다. 새로운 주제, 새로운 강연가, 새로운 강연 그리고 새로운 사람들이 모여 있는 강연의 자리는 항상 긴장되고 서먹서먹하다. 이때 강연 10분은 얼어 있는 분위기를 격파하는 데 써야 강의를 살릴 수 있다. 얼음처럼 긴장되어 있고 얼어붙은 분위기를 깨려면 청중의 마음의 문을 열어야 한다. 강연가와 청중과의 관계도 형성된다. 이렇게 사람과 사람 사이에 냉랭하고 차갑고 긴장된 분위기를 깨고 나면 온기가 돈다. 온기가 돌고 따뜻해지면 강연을 통해 뜨거워진다. 그리고 어느새인가 마음을 완전히 열게 되면서 강연에 100% 집중하고 마음에 강연이 새겨진다. 적극적으로 강연 참여도가 높아진다. 강연가와 청중이 상호 작용을 이루게 되는데 상호 작용은 공감이라는 최고의 결과물을 가지고 온다. 강연을 하는데 공감이 있다면 그 강연은 100점을 넘어선 200점짜리 강연이 된다. 하지만 얼어붙은 긴장감을 깨지 못하면 강연은 끝까지 얼어붙어 있을 것이고 그 결과는 당신의 생각에 맡기겠다.

골든 타임 10분을 잘 깨는 방법을 위해 먼저 우리 주위에서 냉랭하고 차가운 분위기를 잘 깨는 사람을 떠올려보자.

- 처음 보는 사람에게도 말을 잘 붙이는 사람
- 서먹서먹한 분위기를 잘 깨는 사람
- 붙임성 있는 사람
- 적극적으로 무엇이든 참여해보려는 사람
- 적재적소에 재미있는 스토리를 풀어 이목을 끄는 사람

이들은 냉랭한 분위기를 깨고 온기 있게 만드는 사람이다. 아이스 브레이커, 얼음 격파 왕! 냉랭하게 얼어 있는 얼음과 같은 마음을 깨어버리

고, 온기로 상대의 마음 문을 열고, 관계를 맺고 공감까지 얻어내는 사람
이다. 냉랭한 분위기를 격파하는 이러한 유형의 아이스 브레이킹은 강연
시작 10분 동안의 골든 타임에 쓰인다.

아이스 브레이커가 되기 위해서는 그들을 관찰하는 것으로 학습하면
된다.

- 프로 아이스 브레이커들은 냉랭한 분위기를 언제 깨트리는가?
- 어디서?
- 어떤 상황에?
- 누구와 있을 때?
- 왜 깨려고 하는가?

어떻게 긴장감을 풀고 어떻게 상호 교류가 시작되는지 꼼꼼하게 살펴
보는 것이다. 우리는 제대로 관찰하고 조금 더 프로다워지게 세밀한 학
습 과정을 거쳐야 한다. 부분 부분마다 공감과 관찰력을 가지게 되는 것
이다.

- 나는 언제 아이스 브레이킹이 잘되는 사람인가?
- 어떤 요가 수련 자세에서 어떻게 풀어지는가?

· 책의 어느 부분에서 나는 극적으로 공감하는가?

· 산의 시작점, 산의 중간 지점, 산의 정상 지점중 나는 어느 부분에서 등산을 즐기는가?

· 언제 어디로 어떤 분위기의 여행을 추구하는가?

· 작고 예쁜 것을 발품하는 쇼핑인가, 비싸고 확실한 브랜드를 추구하는 쇼핑인가?

· 음악은 어떤 장르를 좋아하는가? 그리고 어떤 음색, 음율을 좋아하는가?

· 아버지와 이야기하는 것이 좋은가? 어머니와 이야기하는 것이 좋은가?

· 골프 실력이 좋은가? 골프장에 푸르름이 좋은가?

· 어떤 맛을 좋아하는가? 어떤 분위기의 식당을 추구하는가?

이러한 방법으로 자신이 긴장을 풀고 행복해지는 순간을 찾으면 된다. 사람은 긴장감이 없어지고 행복해지는 순간 진정한 의사소통이 된다. 의사소통이 될 때 상호 작용이 되기 때문이다. 이렇게 나 자신이 어디에서 풀어지는지 느끼는 연습을 하면 된다. 나 자신의 아이스 브레이킹 타임을 알게 되면 상대도 이런 느낌인 것을 알게 되고 모임이나 강연에서 그것을 그대로 활용할 수 있다. 그렇게 활용하다 보면 강연 시작 10분 골든 타임에 청중에게 더 재미를 주고 그들의 마음을 열게 하여 행복하게 강연을 들을 수 있는 기회를 제공하는 것이다.

강연 전 아이스 브레이커 활동에 대해 어떻게 이끌 것인지 고민하는데 목숨을 걸어야 한다. 강연의 생명을 좌우하는 순간이다. 강연 생사의 순간. 강연가라면 강연 첫 10분 동안 생명이 위급한 환자를 살리는 의사의 마인드로 집중하고 의사가 수술을 집도하듯 강연을 이끌어야 한다. 강연가로서 아이스 브레이커 활동은 청중이 강연을 적극적으로 듣고 참여할 수 있도록 만들어주는 중요한 활동이다.

강연을 통해 기쁨과 행복, 열린 마음, 공감을 도출해내는 것이다. 강연 첫 10분 동안 청중의 공감대를 형성하기 위해 청중과의 사이를 좁히고 얼어 있는 분위기를 격파하라! 무작정 본론으로 들어가려는 진지한 강의는 잠시 멈추고 10분 동안 청중과 호흡하라!

강연 시작과 동시에 강연 주제에 따라 공감하는 말로 시작하면 여기저기서 웃음꽃이 피어난다. 청중과 동떨어진 느낌보다는 청중과 강연가의 공동체 의식을 먼저 공감으로 심어주는 것이다.

아이스 브레이커로서 목표를 설정하고 포지셔닝을 설계하며 공감을 얻게 되면 당신은 최고의 강연을 이끄는 강연가가 될 것이다. 그러므로 강연 첫 10분 동안 청중의 공감대를 형성하는 골든 타임에 무조건 힘써라!

베스트 스피치

지겨운 한국사를 재밌게 만든 남자, 설민석

요즘 스피치로 주름 잡는 한 사람이 있다. 바로 한국사를 가르치는 설민석 강사이다. 한국에 사는 사람들이 크게 관심을 가지고 눈여겨보는 분야는 아니다. 하지만 그가 한국사에 대한 스피치를 시작하면 한국사에 대해 관심이 없다가도 듣게 되고, 듣고 난 후에는 한국사에 대한 심층적인 지식이 쌓이게 된다.

설민석 강사는 21년간 역사 강의를 해온 프로 강사다. 역사교육을 전공했고 역사를 연구해왔다고 한다. 설민석 스피치 스킬은 역사교육 전공이나, 역사에 대한 해박한 지식과 관련이 크게 없다.

설민석 스피치는 굉장히 다정다감한 어투로 청중과 대화하듯이 스피치를 이끈다. 엄마가 아이에게 동화책을 읽어주는 듯 부드럽고 다정다감하게 역사를 알린다. 스피치 주제에 맞춰 구성이 굉장히 체계적이고 탄력 있다. 지루하지 않고 쏙쏙 박히는 핵심 언어와 스토리로 이어지고 적절한 긴장감을 주면서 이끌어나간다. 설민석은 일인 다역 연극배우처럼 몸짓 언어를 크게 보여주며 시선을 끈다. 설민석의 스피치는 스토리에 생명력을 불어넣는 힘이 있다. 우리는 설민석을 통해 생명을 불어넣는 스피치를 배워야 한다.

5장

말을 인생의
무기로 삼아라

01

말하기를 잘하려면
말공부를 하라

당신이 이 책을 열어본 이유

당신은 말하기를 잘하고 싶어서 이 책을 열었을 것이다. 말하기를 잘
하려면 어떻게 해야 할까? 목에 힘줘가며 목소리를 만들어볼 텐가? 아
니면 '가, 나, 다, 라, 마, 바, 사' 발음부터 시작해볼 것인가? 무턱대고 무
조건 말을 해볼 것인가? 모든 것을 말하기는 무리수이다. 사람은 태어난
순간부터 말공부를 시작한다. 신생아도 태어난 순간 엄마와 아빠의 목소
리에 반응한다. 말을 하지 못할 때부터 상대의 말을 유심히 듣는다. 바로
이것이 말공부이다. 말공부는 유심히 듣는 것부터 해야 한다. 신생아부
터 유아기에 말을 시작할 때 말이 되든 안 되든 엄마의 말을 유심히 듣고

무조건 따라 하듯이 말하기를 잘하려면 말공부를 시작해야 한다.

지금 이 책에서 작가가 말하고자 하는 것을 유심히 들여다보고 무조건 따라 해보는 것이다.

3가지 말공부면 된다!

첫 번째 말공부는 "덕분입니다."라는 말이다. 지금 소리 내어 말해보자. "덕분입니다." 이 말은 상대에 대한 감사가 녹아 있는 말이다. "비주원장님 덕분에 스피치 실력이 늘었습니다." 말을 따져보자면 스피치 실력은 본인이 만든 것이다. 스피치를 배운 자세가 뛰어났고 노력했기 때문에 스피치가 늘었을 것이다. 하지만 덕분이라는 말을 덧붙여서 스피치 실력 향상을 알려주니 오히려 내가 감사해지는 경우가 생긴다. 감사는 감사를 낳는 법이다. '덕분입니다.'라는 말 한마디로 감사가 이어지고 감사가 넓어지니 좋은 대인 관계는 그냥 따라오게 되어 있다.

두 번째 말공부는 "알고 계실 테지만."이라는 말이다. 지식이 넘쳐흐르는 시대에 검색만 하면 다 알 수 있다 보니 사람들은 모르는 것 빼고는 다 알고 있다. 말을 할 때 일방적으로 나만 안다는 느낌으로 이야기를 하다 보면 일방통행, 오갈 수 없는 길이 된다. 그러다 보면 혼자만 이야기한다는 느낌이 될 것이다.

대화는 소통이다. 소통이 없는 것은 대화라고 할 수 없다. 넌지시 던지듯 "알고 계실 테지만"이라는 말을 붙이는 것이다. 스피치 코칭을 할 때에도 청중에게 "알고 계실 테지만 스피치는 경청이 중요합니다."라고 이야기를 한다. 경청의 중요성을 이야기하는 것이다. 알고 있지 않은 내용이라도 사람들은 고개를 끄덕이며 마치 알고 있었다는 듯이 받아들이기에 소통이 쉬워진다. 그리고 상대를 높이는 말이기에 상대도 나를 높이는 것은 시간문제이다.

세 번째 말공부는 맞장구다. 사물놀이에만 장구가 있는 게 아니다. 인간관계에도 장구가 있다. 바로 맞장구이다. "충분히 그럴 수 있겠다."라고 말하는 것이다. 얼마 전 오케스트라 연주회 사회를 보면서 축하 공연으로 사물놀이를 보았는데 쿵덕쿵덕 신이 났다. 신나는 건 사물놀이 연주와 함께 관객석에서 들려오는 소리였다. "지화자!", "좋다!" 하고 들려오는 맞장구 소리 덕에 사물놀이 공연의 뜨거움이 더해져갔다.

말에도 맞장구가 필요하다. 맞장구는 넓게 깊게 쓰인다. 넓게는 맞장구는 공감적 화법으로 우리의 대인 관계를 유지해줄 뿐 아니라 관계를 넓혀준다. 제2외국어를 선택하는 이유도 다른 나라 사람들의 대화에 맞장구치며 소통하기 위해 배우는 것이 아닌가? 우리는 맞장구를 통해 넓어진다. 깊게는 앞에서 말한 바와 같이 어린아이가 말을 배울 때 엄마의 말을 듣고 무작정 따라 한다. 엄마는 아이가 알 수 없는 소리를 내더라도 아이의 말을 분석한다. 표정과 억양으로 말을 알아차린다.

그리고 곧바로 맞장구를 친다. "어, 그랬구나. 우리 아기가 배고팠구나!"처럼 아이의 마음을 백발백중 읽어낸다. 이때 아이는 어떠한가? 깊은 마음속에서부터 엄마에 대한 믿음이 자라고 애착이 형성되며 깊은 안정감을 찾지 않는가? 맞장구는 깊게도 넓게도 쓰인다.

이렇게 3가지 말공부를 했을 뿐인데 말을 잘하게 된 것 같지 않은가? 말공부는 부부, 부모 자식과의 관계뿐만 아니라 모든 인간관계에서 말의 중요성을 알게 해준다.

말공부를 시작했고 3가지 말공부를 마스터했다면 분명히 모든 생활에서 80% 성공했다고 감히 말할 수 있다. 많은 말을 공부해보는 것도 좋으나 3가지 말공부를 습관화시키면 당신 인생의 결과는 분명히 달라질 것이다.

02

말하기 스킬로
당신의 인생을 빛나게 하라

말의 스킬로 빛나는 사람의 공통점

사람과 사람이 이어진 곳이 바로 지구이다. 지구에서 살아가는 동안 우리는 사람으로 인해 문제가 생기고 사람으로 인해 또 그 문제가 해결 되기도 하는 모습을 본다. 사람이 살아가면서 피하지 못하는 것이 바로 대인 관계이다. 상대방을 위해 말했는데 상대방이 기분 나빠하거나 단어 선택을 잘못하여 관계가 이어지지 못하는 경우도 생긴다. 그런데 어떤 사람은 말하는 스킬로 인생을 빛나게 사는 사람이 있다. 그 사람들은 외 모가 빛나는 것도 아니다. 하지만 늘 웃는 얼굴로 말을 한다는 공통점이 있다. 웃는 사람과 말하면 기분이 좋아진다. 그리고 이야기를 계속해서 나누고 싶어진다. 지루하다는 생각조차 들지 않는다. 그 사람들을 더 깊이 파고들어보면 비언어적인 표현조차 놓치지 않는다.

상대와 인사할 때 "반가워요."라는 말과 함께 손을 흔들며 환히 웃는다. 목소리에서 몸짓 언어, 표정 등 비언어적 표현에서 더 강함을 느낄수 있다. 언제 어디서나 적절한 커뮤니케이션 흐름이 있다. 어려운 부탁을 하는 상황에서 기분 나쁜 내색을 하는 것도 적재적소에 해야 한다.

사람과 사람이 이어지는 지구에 사는 이상 내가 마음에 들지 않아도 관계를 맺으며 살아가야 한다. 마음에 들지 않아 관계 유지를 하기 위해 서로 말을 하지만 몸 따로 마음 따로라서 알면서도 되지 않을 때가 있다.

말하는 스킬을 가진 사람은 사람의 관계에서 적절한 흐름으로 이어나가는 능력이 정말 대단하다. 그리고 상황 대처 능력이 뛰어나다. 사람과 사람 사이에는 늘 갈등이 생기고 상황이 생긴다. 그때 그 사람들은 감정을 드러내지 않고 청산유수로 번지르르하게 이야기하지도 않는다. 그 상황에서 대처를 품위 있게 한다. 촌철살인 한마디로 제압하거나 감성이 묻어 있는 칭찬을 하거나 진심이 담긴 감사로 품위 있게 대처한다. 말하는 스킬로 인생을 대처하며 말하는 스킬로 인생을 빛나게 만든다.

세상이 원하는 말하기 스킬

당신도 그들처럼 말하는 스킬로 인생을 빛내고 싶은가? 그렇다면 실천하라! 세상에 처음부터 스피치, 말하는 스킬을 못하는 사람은 없다.

거침없이 드러내고 마음껏 표현하면 세상 모두 당신의 편이 되고 당신의 인생은 자연스럽게 빛나게 된다. 난 할 수 없다는 문제들의 공통점은 말하는 스킬 교육을 받지 않은 상태이기 때문이다. 좋은 생각이 좋은 말을 만들고, 체계적인 생각은 체계적인 말을 만든다.

말하기 스킬에 대해 정확하게 나와 있는 답은 없다. 자신의 성격, 가정환경, 사회적인 환경, 종교, 문화적 소양, 지역 특유의 화법 등 복합적인 모든 것이 상호 작용하면서 자신의 말하기 기법과 습관이 생긴다.

자신만의 특별한 색을 스피치 스킬을 통해서 거침없이 세상에 드러내고 마음껏 표현하는 사람이야말로 세상이 알아준다. 세상이 인정하면 빛나게 된다. 세상에 태어날 때부터 말하기 스킬을 가지고 태어난 사람은 절대 없다. 말하는 것을 못하는 사람도 없다. 단지, 자신만의 색을 표현하는 스킬을 못 배운 사람은 있다.

그래서 우리나라 교육부가 나서고 있는 상황이다. 창의 융합형 인재 양성을 위해 학교 수업 자체를 바꿨다. "질문하는 교과서" 타이틀이다. '서술하세요, 표현하세요, 토론하세요, 논술하세요. 발표하세요.'라고 말하는 교과서로 바뀌었고 질문하는 교과서 주제로 교육한다. 교과서의 핵심은 자신을 표현하는 일을 끊임없이 시키는 것이다. 대학교 입학 방법 또한 바뀌었다. 대학도 이제는 말하기 능력을 구술 면접이라는 타이틀로 말하는 스킬을 평가하기 시작했다. 사회적으로도 의사, 간호사, 검사, 판사, 경찰, 사무직 등 다양한 업계, 업종에서 말하기를 통해 그 사람의 역량을 평가한다.

창의 융합형 인재로 빛나게 성장하는 것은 나보다 더 잘할 사람은 없다. 따라서 자신의 성장을 끝까지 이끌어가기 위해 말하기 스킬을 배우는 것은 나의 몫이다. 학교 교과 과정을 시작으로 세상이 말하기 스킬을 원하기 시작했기 때문이다.

말하는 스킬이 뛰어난 사람, 거침없이 나를 드러내며 표현하기, 세상에 나를 외치고 인정받고 빛나게 하는 일. 말하기 스킬은 지금 이 순간부터 배우고 실천해야만 한다. 말하기 스킬을 철저하게 내 것으로 만들어라. 세상에 나아갈 때 꼭 필요한 힘이다. 말하기 스킬을 가지게 되면 분명히 당신의 인생은 눈부시도록 빛나게 될 것이다.

03

강한 사람보다
강해 보이는 사람이 되라

강한 사람 vs 강해 보이는 사람

'강한 사람'이라는 단어를 들었을 때 우리는 인상이 강한 사람부터 생각한다. 모진 풍파를 이겨내고 세상과 자신과 싸워서 이긴 위인전에 등장할 만한 정신력이 강한 사람이 떠오를 것이다.

세상을 살면서 겪지 않아도 될 것을 굳이 힘들게 겪을 필요는 없지 않은가? 지금 굳이 떠오르는 강한 사람이 되기보다는 강해 보이는 사람이 되자. 강하게 살지 않고 지혜롭게 강해 보이는 사람이 되면 된다.

강해 보이는 사람은 말하기에서는 목소리가 좋은 사람이다. 언어의 기술력도 중요하지만 사람이 강하고 강단 있어 보이려면 목소리로 상대에게 신뢰를 주어야 한다. 신뢰가 바로 조성되는 것은 상대가 나를 믿는것이다. 상대가 나를 믿는다는 것은 내가 상대를 좌지우지하고 있는 중심인물이 된다는 뜻이다.

강한 사람보다 더 강해 보이는 사람이 가진 능력은 목소리와 완벽히 일치할 수 있는 표정에 있다. "저는 죽어도 할 수 없습니다."라고 소리 내어 말해보자. 우리는 연기 감독이 지도한 것처럼 금세 울어버릴 듯, 세상의 모든 것을 놓아버린 듯한 표정이 자연스럽게 나오지 않는다. 하지만 마치 울려고 하는 표정으로 "저는 죽어도 할 수 없습니다."라고 말해보자.

말을 내뱉을 때 목에 힘을 주고 "저는 죽어도 할 수 없습니다."라는 목소리를 내기보다는 목에 힘을 풀고 낮고 깊은 음색으로 "저는 죽어도 할 수 없습니다."라고 말해보자. 죽어도 할 수 없다는 메시지가 상대에게 더욱더 강하게 느껴질 것이다. 반대로 "난 무엇이든 해낼 수 있어. 믿어봐!"라는 메시지를 전달한다고 설정하자. 내가 아무리 모진 풍파를 겪으면서 이겨낸 성공한 스토리를 들려주며 구구절절 이야기해도 상대에게는 내가 무엇이든 해낼 수 이미지로만 그친다.

하지만 눈동자를 더욱더 확장하고 눈썹을 치켜세우며 공명을 이용해서 입꼬리를 올리고 정확한 목소리로 "난 무엇이든 해낼 수 있어. 믿어

봐!"라고 이야기한다면 그 한마디로 구구절절한 스토리보다 더 강한 성공 확신의 이미지를 구축할 것이다. 상대에게 강해 보이는 사람이 될 것이다.

내가 상대보다 강하고 약하고는 중요하지 않다. 강한 사람보다는 강해 보이는 사람이 되어라! 우리의 목소리는 신비롭게도 말보다는 큰 힘을 발휘할 수 있는 에너지를 가지고 있다. 상대방이 전달하는 메시지, 즉 에너지가 그 사람의 목소리를 통해 그 사람을 믿고 그 사람 중심으로 돌아가게 한다. 목소리는 강한 사람도 약하게 만들고, 강하지 않은 사람도 강해 보이게 만든다. 말보다 더 중요한 것은 목소리이다.

가장 나다운 것이 강해 보이는 것이다

상대에게 더 이상 약한 모습을 보일 필요 있는가? 그렇다면 목소리를 바꿔보자! 내 몸값을 올리는 말의 기술을 완벽히 하고 싶은가? 그렇다면 더더욱 목소리 훈련을 해보자. 그리고 표정과 일치시켜보자.

우리는 힘들게 맞서 싸워서 강한 이미지를 얻는 것이 아니라 훈련을 통해 지혜롭게 힘든 일을 겪지 않고도 강한 이미지를 갖게 되는 것이다. 강해 보이는 사람의 목소리가 되기 위해서는 목소리의 기본기, 보이스 트레이닝에 관심을 가지자!

쉽고 빠르게 늘지 않는 것 중 하나가 보이스 트레이닝이다. 하지만 보이스 트레이닝을 시작한 순간부터 강한 사람보다는 강해 보이는 사람으로서의 생활이 시작된 것이다. 마음으로만 잘할 수 있는 것이 아니다. 보이스 트레이닝은 글로 배우는 것이 아니다. 여러 가지 보이스 트레이닝 활용법을 통해 자신만의 보이스 트레이닝을 찾는 게 답이다. 강해 보이는 사람이 되는 가장 빠른 방법이라고 말하고 싶다.

10대는 10대, 20대는 20대, 30대는 30대, 40대는 40대답게 나이에 맞는 가장 힘찬 에너지를 갖게 되는 것이다. 누구나 처음부터 완벽하게 시작하는 경우는 없다. 신체학적으로 신체와 맞지 않은 부자연스러운 목소리를 가졌을 수 있다.

하지만 보이스 훈련을 통하여 우리는 나이와 직업에 맞는 목소리를 충분히 가질 수 있으며 나이와 위치에 맞는 강한 사람보다는 강해 보이는 사람이 될 수 있다.

04

말을 잘하면
삶이 편해지고 당당해진다

말이라는 무기템으로 승부하라! 무기 사용법

전쟁이 난다면 전쟁 무기의 성능이 중요할까, 전투력과 기술력이 더

중요할까? 물론 둘 다 중요하다. 하지만 무기가 있어야 무기로부터 기술

력과 전투력이 생긴다. 결과적으로 무기가 중요하다는 것이다. 말이라는

것에도 무기가 있어야 삶이 편하고 당당해진다.

말이라는 무기는 무엇일까?

첫 번째 무기는 거절을 잘하는 것이다.

거절만 잘해도 삶은 굉장히 편안해진다. 거절하지 못해서 생기는 고달픈 일의 사례는 넘쳐난다. 우리나라에 거절을 잘해서 편안하다는 사례보다는 거절을 못 해서 겪은 고통스럽다는 사례가 넘쳐나는 것을 보면 우리나라 사람들은 인정이 많은 사람이라 거절을 못 한다고 볼 수 있다.

정으로 살아가는 대한민국 국민의 의식으로는 거절을 굉장히 정 없는 것으로 인식한다. 하지만 거절을 하지 못해서 인생이 꼬이고 고달파지고 괜한 일을 당하는 것보다는 거절을 잘해서 조금 더 편안한 시간을 택하는 것이 현명하다.

내 사람이 편안해지고 쾌적해져야 진정한 대인 관계가 형성되는 것이다. 거절 때문에 상대가 상처받지 않을까? 관계가 꼬이지는 않을까? 하는 걱정에 거절을 못 하고 상대를 생각하다가 결국 나의 시간이나 물질을 잃는 경우가 있다.

거절하기 전에 상대보다는 나를 생각하자. 상대의 부탁에 내가 상처되는 일은 없는가? 지금 나의 마음은 흔쾌히 들어주는 것인가? 자신부터 짚어보길 바란다. 타인의 부탁으로 인해 나에게 심각한 타격이 오기 전에 말이다. 거절을 무턱대고 그냥 하다 보면 관계가 나빠지고 상대에게 상처가 될 수 있다. 하지만 거절을 잘하면 관계는 유지된다. 그리고 나의 이미지도 지킬 수 있다. 거절할 때 말이라는 무기를 사용하는 것이다. 거절하는 말의 무기는 사과를 먼저 하는 것이다. 거절에 대한 내용을 정리한 뒤 칭찬하는 것이다. 예를 들면 "진심으로 죄송합니다. 지금은 제 능력 밖의 일인 듯합니다. 도움을 드리지 못하겠네요."라고 프로답게 거절이라는 말의 무기를 사용하자. 상대에게 상처 주는 것과 관계 꼬임에 대한 걱정은 없을 것이다.

거절할 때 감사 인사 또한 잊지 말자. "이렇게 부탁을 하기에 용기가 필요하셨을 텐데 당신의 용기에 오히려 감사하군요." 프로답게 거절하고 감사 인사를 잊으면 안 된다. 그렇다면 거절로 인해 상대에게 상처 주는 일도, 관계에 꼬임도 없다.

거절을 무기로 상대가 다치지 않게 명중하라! 거절이라는 무기로 상대를 다치지 않게 명중하기 위해서는 조심해야 하는 부분이 있다.

첫째, 거절이라는 무기를 사용하려는 순간 뜸을 들이면 안 된다. 뜸 들이는 행동은 상대에게 부탁을 들어주겠다는 긍정으로 비추어진다. 무기 사용에 있어서는 빠른 행동이 관건이다. 무기 사용에서 항상 무기 사용 용도에 대한 기준점을 설정해야 한다. 기준에 맞춰 일관성 있게 사용해야 한다.

둘째, 나 자신에게 확인하자. 상대의 부탁을 들어줄 수 있을지에 대해 한 번 더 스스로 점검하는 것이다.

두 번째 무기는 실수에 대처하는 무기를 가지는 것이다.

실수는 우리 곁에 늘 존재한다. 하루에도 몇 번이나 실수를 할 수 있다. 하고 싶지 않아도 하게 되는 것이 실수이다. 실수를 하지 않으려 하다 보면 완벽 증후군과 같은 자아에 타격을 줄 수 있다. 실수를 안 하려 하기보다는 실수에 대처할 수 있는 무기를 사용하는 것이 좋다.

실수를 대처하는 무기 사용법은 신속하게 실수를 인정하는 것이다. 실수를 하고 상대에게 숨기려고 자신의 선에서 처리하다 보면 오히려 상대에게 더 큰 실수를 하는 경우가 대다수이다. 그러므로 상대에게 실수를 빠르게 인정하고 보고하는 것이 올바른 실수에 대처하는 무기 사용법이다. 실수에 대해 인정하고 보고하고 정직한 태도로 사과를 하면 된다. 구구절절한 변명은 옳지 못하다. 실수에 대처하는 무기 사용의 태도도 잊어서는 안 된다.

첫째, 책임감 있는 태도이다. 책임감 있는 태도는 실수를 했을 때 굉장히 중요하다.

둘째, 인정하는 태도이다. 자신의 실수를 인정하며 사과해야 한다.

셋째, 솔직한 태도이다. 솔직하게 실수를 하게 된 이유를 말하는 것이다.

넷째, 반성하는 태도이다. 자신의 실수에 대해 반성을 하고 이야기하는 것이다.

이렇게 4가지의 태도로 실수에 대처하는 무기를 사용하면 된다.

하지만 실수에 대처하는 무기 사용은 정해진 기간이 있다. 실수가 모여 잘못이 되는 법, 잘못이 되기 직전까지만 무기를 사용할 수 있다.

세 번째 무기는 감성이 묻어 있는 칭찬 무기이다.

우리 주위에는 생일, 승진, 결혼 등 축하해야 할 일이 너무 많다. 우리는 "축하한다."라는 한마디에 감성이 묻어 있는 칭찬 무기를 꺼내어 들면 된다. 위로 또한 같다. "힘내라."는 한마디에 감성이 묻어 있는 칭찬 무기를 꺼내는 것이다.

간단한 칭찬과 위로는 진정한 소통이다. 그냥 "축하한다."라는 말보다는 감성을 묻은 칭찬 "좋은 날, 예쁜 날에 태어났네? 너무 축하해!"가 낫고 "힘내라."는 말보다는 "너는 충분히 할 수 있으니까 네가 잘할 수 있다고 믿어. 의심치 않아. 힘내!" 등 감성이 묻어 있는 것이 무기 사용의 포인트다.

더욱더 감성 칭찬 무기를 잘 사용하고 싶다면 디테일해져라.

"옷이 참 예쁘네요. 선생님께 어울려요."라는 말에 앞뒤 단어를 바꿔보자.

"선생님, 참 예쁘시네요. 옷이 잘 어울려요."

느낌이 확 달라지지 않는가? 그리고 조금 더 디테일하게 칭찬하면 좋다.

"선생님, 참 예쁘세요. 옷이 잘 어울려요. 얼마 전 그런 스타일 옷을 보고도 저는 소화를 못 해서 못 샀는데 선생님은 역시나 잘 소화하시네요!"

처음부터 감성이 묻어 있는 칭찬을 하려면 어려울 수도 있다. 감성 칭찬 무기를 사용하기 위해서는 꾸준하게 진심을 가지고 트레이닝하는 것이 필요하다. 감성이 묻어 있는 칭찬은 우리의 삶을 춤추게 한다.
지금 당장 무기 장착을 실행하라.

이렇게 '말'이라는 무기를 장착하면 우리의 삶이 편해지고 당당해지는 것은 시간문제이다. 거절할 수 있는 무기, 실수에 대처할 수 있는 무기,

감성이 묻어 있는 칭찬을 하는 무기, 이 3가지 말의 무기를 지금 당장 장착하라. 당당하고 편안한 삶이 기다리고 있다!

베스트 스피치

불교계의 아이돌 혜민스님

그 유명한 『멈추면, 비로소 보이는 것들』이라는 혜민스님의 책은 발간 13개월 만에 200만 부를 돌파했다. SNS에서 수십만 팔로워를 보유하며 젊은이들에게 사랑받는 혜민스님은 대한민국의 조계종 승려이다. 캘리포니아대학교 버클리 종교학 학사, 하버드대학교, 프린스턴대학교 박사학위를 받은 스마트한 스님이다. 미국 유학 시절 기숙사에서 하는 파티와 마약 문화가 싫어 뛰쳐나와 절을 발견하고 인연이 되어 스님이 되었다.

스마트한 스님으로 젊은이들에게 존경받고 사랑받는 비법은 바로 혜민스님의 스피치다.

혜민스님은 시각적인 스피치에서부터 호감형이다. 시대적 분위기를 중시하는 해외파 스님이며 외모를 중시하는 젊은 친구들에게 만족도가 높은 외형을 무시할 수는 없다. 중후하고 낮은 목소리도 스피치 신뢰감 형성에 큰 힘이 된다.

몹시 바쁘고 생각할 시간이 없는 현대 사회인들에게 따뜻한 분위기로 쉬어가라고 이야기하고 청중은 위로받는다. 누군가 나를 대신 표현해주는 것처럼 혜민스님은 사람의 마음을 읽고 온화한 분위기로 전달하는 스피치 능력을 가졌다.

"남을 흉내 내는 사람은 영원히 짝퉁일 수밖에 없어요."

촌철살인의 한마디지만 간결하고 이해하기 쉽게 스피치를 한다. 우리는 혜민스님의 말씀을 통해 위로받는 데 그치는 것이 아니라 혜민스님의 스피치 능력을 통하여 누군가에게 따뜻하게 메세지를 전하는 스피치 기술을 배워야 한다.

05

함부로 무시당하지 않는
말하기를 하라

괜한 무시를 거부하라

세상을 살다 보면 괜한 무시를 당하는 경우가 있다. 말 그대로 괜한 무시이다. 큰 성공을 거두어 부유함으로 세상 사람들에게 큰소리치고 어깨 펴고 살 수 있는 능력을 가진 사람은 소수이다. 솔직히 우리는 그런 소수가 되고 싶지 않아서 안 된 것이 아니다. 부와 성공을 거둔 사람이 되고 싶어서 노력을 해보아도 그렇게 되기는 쉽지 않은 일이다.

너무 억울해하지 않아도 된다. 성공과 부를 얻은 그들처럼 존경받고 함부로 무시당하지 않는 방법이 있다. 바로 함부로 무시당하지 않는 말을 하는 사람이다. 말하기는 누구나 할 수 있다. 부자라도 빈자라도 누구나 할 수 있는 것이 말하기이다. 함부로 무시당하지 않는 말하기를 하는 사람은 빈자, 부자 상관없이 빠르게 성공한다. 말하기 기술만으로도 높은 점수를 받는 것은 누구나 할 수 있다. 자신의 가치를 돋보이게 할 수 있다.

무시당할 수 없는 말하기

함부로 무시당하지 않기 위한 말하기를 위해 우리는 무시당하지 않는 말하기 스킬을 배워야 한다. 이것은 선택이 아닌 필수이다. 왜 괜한 무시를 당하고 왜 기분 나빠야 하는가? 우리는 어느 누구에게도 무시당할 이유가 없다. 함부로 무시당하지 않는 말하기를 하려면 먼저 스스로 자신을 미워하거나 무시하는 습관을 버려야 한다. 겸손하게 행동하라고 배운 우리나라 도덕 교육을 잘못 받아들여 스스로 자신을 무시하고 낮추는 경우가 있다.

"내가 하는 일이 그렇지, 뭐."
"저는 잘하는 게 없어요."

이런 식으로 자신을 무시하는 발언을 한다. 말을 더듬는 사람이 말을 더듬는다는 것을 인지할 때 그 행동을 고치는 것은 쉽지 않다. 이와 같이 내 모습을 스스로 무시하고 낮추는 말로 인지하지 않는 것이 좋다.

말이라는 것은 내가 만드는 결과물이다. 지구는 큰 자석과도 같다. 말은 소리 에너지이다. 소리 에너지에는 파동으로 매질의 일부에 주어진 에너지가 주위로 전파되게 만든다. 큰 자석인 지구에서 말은 자석의 자기장으로 인해 말이 돌고 도는 반응을 하는 것이다. 그렇기에 스스로 무시하는 말보다는 스스로 높이는 말을 선택해야 한다. 스스로 좌절의 말은 낭패로 돌아오고 스스로를 높이는 칭찬의 말은 성공으로 돌아온다. 따라서 함부로 무시당하지 않는 말을 해야 한다. 함부로 무시당하지 않는 말은 무시당하지 않는 일로 돌아온다.

우리의 뇌는 주어를 인지하지 못하는 기능을 가지고 있다. 정말 기분 나쁜 일이 생겨서 타인에게 "에라이, 저 미친 자식."이라고 말을 한다면 뇌는 주어를 인지하지 못하기에 우리의 뇌는 자신에게 하는 말인 줄 안다. 그리고 뇌가 반응하여 몸속에 좋지 않은 호르몬을 분비시킨다. 좋지 않은 호르몬 때문에 기분이 좋지 않아지며 우울증까지 오게 만든다. 함부로 무시당하지 않기 위해서는 스스로 무시하는 말을 하는 습관을 버리고 긍정적인 말을 많이 하자.

혹시 작은 일, 작은 행동 하나에 신경 쓰고 파르르 예민하게 반응하는가? 지금 당장 그 예민한 습관도 버려야 한다. 타인의 억양 하나에도 신경 쓰고 작은 행동 하나하나 신경 쓰는 사람이라면 지금 당장 그 습관을 고쳐야 한다.

타인이 예민함을 가지고 있는 나를 보면서 작은 일과 작은 행동에 예민하게 신경질을 내는 당신을 하찮게 볼 수 있기 때문이다. 하찮게 보이는 순간 무시는 자연스럽게 따라온다. 만만하게 보이지 않기 위해 스스로 하찮은 모습을 만들면 안 된다.

혹시 상대와 이야기하다가 이유 없이 나를 조롱하거나 놀리거나 무시하는 이야기임에도 분위기 때문에 참는 습관을 가지고 있는가? 그것 또한 버려야 한다. 그럴 때에는 언짢은 기분을 노출시켜야 한다. 물리적으로 상대를 다치게 하고 폭언, 폭행으로 노출하는 것은 안 된다. "방금 들은 그 말은 기분이 좋지 않다. 다음부터는 조심해주면 좋겠다."라는 정도면 충분히 기분을 노출시킨 것이다.

괜히 지금 분위기에 내가 그렇게 말하면 분위기가 나빠질 것이라고 생각하여 그냥 넘어가는 일이 많다. 하지만 그렇게 넘어가는 횟수가 쌓이면 그저 나를 함부로 무시하는 횟수만 많아질 뿐이다. "네가 말한 아까 그 말은 다른 뜻으로 들을 수도 있을 것 같아."라고 애매하게 표현해도 더 무시당할 수 있다.

　반격을 절대 애매모호하게 해서는 안 된다. 정확하고 확실하게 상대를 쳐다보면서 말해야만 한다. 그래야 만만하게 보지 않고 함부로 무시당하는 일이 없다. 말은 입 밖으로 나오는 순간 없어질 수 없다. 돌고 돌아 내 귀와 몸으로 돌아와 결국 내가 상처받게 된다. 내가 한 말이든 남이 한 말이든 내가 상처받게 되어 있다는 것이다.

　함부로 무시당하지 말라. 어느 누구도 무시를 당하는 것은 절대 익숙해지지 않는다. 상대에게 무시당하지 않기 위해 철두철미하게 나 자신부터 함부로 무시당하지 않는 말하기를 시작해야 한다.

　절대 잊지 말고 무시당하는 현장에서 꼭 당신의 실력을 발휘하길 바란다. 함부로 무시당하지 않는 말하기를 하고 싶다면 지금 당장 나쁜 습관을 버리고 타인에게 함부로 무시당하지 않겠다, 스스로도 자신을 무시하지 않겠다고 굳게 다짐하자. 그러면 당신은 성공을 부르고 부를 창출하게 될 것이다.

06

재미있게 말하는
사람이 성공한다

재미있는 사람이 얻는 것

나의 취미는 SNS을 통해 웃긴 짤, 유머 페이지를 보는 것이다. 매일 빵빵 터지는 유머와 핫이슈 등 기발한 생각으로 가득한 곳이다. '진짜 이걸 올린 사람은 천재가 아닐까?'라는 생각이 들 정도로 획기적인 생각, 센스, 재능을 보며 감탄하게 된다.

너무 재미있다. 재미, 유머라는 것은 사람의 뇌 활동 중에 가장 좋은 활동이다. '웃음은 만병통치약'이라는 말도 있다. 좋은 호르몬이 창의적 뇌 활동으로 이어지기 때문이다. 조물주도 우리를 만들며 즐거워하고 창의적인 뇌 활동으로 세상을 만들었다. 그러므로 재미있는 유머의 능력을 가졌다는 것은 조물주의 능력을 가졌다고 해도 과언이 아니다.

조물주는 대인 관계가 어려울까? 아니다. 모든 대인 관계를 다스릴 것이다. 재미있는 말, 유머의 말을 하는 사람은 대인 관계의 원만함을 뛰어넘어 모두가 좋아하는 인기 있는 사람이 된다. 요즘처럼 수많은 사람이 불안함을 가지고 바쁘게 살아가는 각박한 세상에서 재미와 유머는 위로가 된다.

그래서 세상 사람들 모두와 소통할 수 있는 사람으로 재미있게 말하는 사람, 유머력을 가진 사람이 최고의 소통가로 뽑힌다.

재미있는 사람이 재미있는 세상을 만든다

재미있게 말을 하는 사람은 세상 사람의 마음을 얻어낸다. 없던 마음도 만들어내기도 하는 재미있게 말하는 소통법을 알고 싶지 않은가? 지금 바로 소통의 방법을 알려주겠다.

음식도 먹어본 놈이 맛을 낼 줄 안다. 재미와 유머를 아는 사람이 재미와 유머를 만든다. "저는 똑같은 상황을 이야기해도 제가 하면 재미가 없다고 합니다." 이런 고민을 가진 사람의 특징은 본인이 웃음이 없다. 그러니 같은 상황이라고 해도 그 상황을 바라보는 시선이 재미있지 않고 무겁기만 한 것이다.

이런 고민을 가진 사람은 가볍게 생각하는 습관을 길러야 한다. 가볍게 생각하면 재미있다. 세상을 무겁고 깊이 있게 바라보기보다는 같은 상황, 같은 일이라도 가볍게 생각하고 바라보는 것이 좋다.

사람들이 웃는 글이라면 같이 한번 웃으며 읽어보자! 그리고 "와, 웃기고 재밌네!"라고 억지로라도 말해보자. 재미가 없는데 억지로 웃는 것이 쉽지만은 않을 것이다. 좋은 말이든 나쁜 말이든 다시 내게 돌아오는 말의 원리처럼 재미도 돌아오게 되어 있다.

재미있게 말하는 기술을 연마하라! 상황이나 같은 이야깃거리로 내용을 거짓 없이 최대한 과장하는 기술이다. 재미있게 말하려고 없는 내용과 상황까지 만드는 것은 거짓된 말이다. 하지만 거짓 없이 최대한 상황을 과장되게 이야기하는 것이다.

예를 들어 예쁜 여자를 보았다. 재미있게 말하기 위해 김태희와 닮지도 않은 여자에게 "와, 김태희랑 똑같이 생긴 여자를 봤어."라는 것은 거짓이다. 그래서 "야, 방금 전에 김태희 뺨치게 진짜 예쁜 여자를 봤다."라고 이야기하는 것이다. 이것은 상대를 상상하게 만든다. 상대의 상상을 시작으로 내 이야기가 재미있어지는 것이다.

총체적 난국을 맞은 상황도 재미있게 바라보고 전달한다면 극복할 수 있다. 긍정적으로 그 사건을 바라보고 재미있게 풀어 말하는 능력은 성공을 만들어내는 뛰어난 능력이다.

당신이 재미있게 말하는 능력을 가졌다면 당신은 어쩔수 없이 성공할 것이다. 그러므로 우리는 성공을 하기 위해 재미있게 말하는 능력을 가져야 한다.

촌철살인의 한마디로
한 방을 먹여라

한 치밖에 안 되는 칼이 사람을 죽인다

'촌철살인'이라는 말을 한문 사전에서 찾아보자. '한 치밖에 안 되는 칼로 사람을 죽인다.'라는 뜻이다. '말 한마디로 천 냥 빚을 갚는다.'라는 말과 비슷하다고 생각하면 된다.

길을 가다 보면 어떤 사건에 대해 '목격자를 찾습니다.'라는 현수막을 볼 수 있다. 그 현수막은 사람만 찾는 것이 아니다. 목격자가 본 그대로 말하는 진실의 순간, 그 한마디를 찾는 것이다. 진실의 말 한마디는 정말 큰 힘을 가지고 있다.

말 한마디의 힘은 여러 방면으로 쓰인다. 말 한마디로 돈을 벌 수도 있고 잃을 수도 있다. 말 한마디로 사람을 살릴 수도 있고 죽일 수도 있다. 촌철살인은 한마디로 상대에게 최고를 선사하거나 상대의 약점을 적중시켜 최악을 선사하는 힘을 가졌다.

촌철은 한 치 길이의 작고 날카로운 칼이다. 남자 어른의 손가락 한 마디의 길이로 그 작은 칼날이 사람을 크게 해치는 무서운 무기가 된다는 것이다. 우리가 내뱉는 한마디도 촌철이다. 그것이 바로 촌철살인이라는 것이다. 말 한마디가 이렇게 엄청나다. 촌철살인 한마디를 신조어로 '사이다'라고 표현한다.

그 말은 사이다를 먹은 것처럼 시원해진다는 뜻이다. 또 어떤 이의 속마음을 시원하게 위로해줄 수 있는 말로도 쓰인다. 요즘처럼 빠르게 발전하고 있는 이동 통신 기술을 통해서 이야기가 많아진 시대에는 촌철살인 한마디, 한 방이 더욱더 절실히 필요하다.

스마트폰이나 노트북이나 SNS 아이콘을 누르면 취미, 정보의 장도 많고 배울 것도 많다. 자신의 자랑을 넘어 집안의 자산력, 남편의 직업 능력, 친구들의 경제적 능력까지 보여주는 피드도 보인다. 각 분류의 피드에서는 공통 관심사로 서로 친밀해진다. 그리고 우리는 SNS라는 공간에서 친구가 된다. 온라인의 관계성에서 오프라인까지 친구가 되는 경우도 있다. 그러나 친구라는 이름으로 상대방 피드에 자신이 생각하는 말을 이리저리 한마디씩 한다. 상대의 일을 내 일처럼 여기는 마음은 너무 선하고 좋다. 하지만 이러한 각자의 생각과 마음의 소리가 내 마음을 더욱 더 답답하고 힘들게 만드는 경우가 생기는 것이 문제이다. 오프라인에서도 같다.

"남편 직업은 뭐야?"
"집은 어디야?"
"아버지는 뭐 하는 분이셔?"
"수입은 얼마쯤 돼?"

사적인 관계에서 선을 넘어서는 말을 듣는 경우가 생긴다. 이러한 말은 한마디로 무례한 것이다. 이 무례함에 대처할 수 있는 방법은 촌철살인 한마디이다. "관심이 지나치면 취조가 됩니다." 이 한마디로 사이가 정리된다.

촌철살인으로 한 방 먹이기

물론 사이가 나빠지자고 던진 말은 아니므로 촌철살인 한마디를 던질 때는 정중한 목소리 톤을 놓쳐서는 안 된다. 많은 말이 모여 오해를 낳는 경우가 많기 때문이다. 오해를 잠재울 수 있는 것도 단 하나이다.

"미안해요."
"고마워요."
"사랑해요."

우리가 흔히 알고 있는 이 세 마디도 촌철살인의 한마디에 속한다. 말 한마디가 모든 사건의 핵심을 찌르고 전환시킨다. 거창하게 말할 필요는 없다. 사소한 카톡이나 친구와의 대화에서도 흔한 한마디가 없어서 틀어지는 경우가 대다수이다. "미안해요." 미안하다는 한마디가 없어서 미안한 감정이 없다며 상황이 더욱더 나빠진다. 도움을 받고도 "고마워요."라는 한마디를 할 줄 몰라 고마운 줄 모르는 사람이 된다. "사랑해요."라는 말을 못해 오랜 시간 내 옆을 지켜주던 사랑조차 잃게 된다.

말 한마디가 관계에 미치는 영향은 어마어마하다. 한마디가 가지고 있는 힘은 엄청나다. 돈이 드는 것도 아닌데 말 한마디를 무시해 관계가 엉망이 되고 혹은 너무 남용하여 관계를 부정으로 가져가는 경우를 초래하는 것이다.

진심으로 하는 한마디는 사랑하는 사람을 지키고 주위 친구들의 마음을 따뜻하게 만들고 또 죽어가는 생명을 살리는 역할도 한다. 고구마만 먹으며 답답하게 있다가 사이다를 마신 것처럼 시원함을 주는 말이다.

친구가 회사 상사 때문에 힘들어할 때는 "아주 그 상사 미친놈이네!"라고 강하고 시원하게 말해주자. 강하고 부정적인 단어지만 친구의 마음을 가득 메워주는 위로로 작용할 것이다.
친구의 분노에 격하고 강하게 공감해준다면 그 친구의 답답함이 순간 시원한 사이다를 먹은 것처럼 진심으로 시원해지고 당신이 무척 고마울 것이다.

핵심을 찌르는 말 한마디는 사람을 감동하게 만든다. 귀 기울이게 만든다. 꼼짝 못하게 만든다. 만족하게 만든다. 완벽하게 만든다.
이제는 구구절절 긴 이야기보다는 사이다와 같은 촌철살인 말 한마디로 시원하고 강하게 한 방의 순간을 만들어라. 한 방 먹고 감동해서 평생 당신의 편이 되거나 한 방 먹고 겁에 질려서 당신에게 다시는 도전장을 내밀지 못하도록.

베스트 스피치

기독교 방송의 스타, 장경동 목사

불교에 혜민스님이 계시다면 기독교에는 장경동 목사가 있다. 장경동 목사는 방송에 날이 갈수록 많이 출연하고 있다. 방송에서는 각 종교가 가지고 있는 고유의 진리, 종교적인 표현이 강해 종교인 출연을 환영하지 않지만 장경동 목사는 종교를 뛰어넘는 입담으로 출연을 환영하고 있다.

장경동 목사는 메세지 전달에서 사람이 빠져드는 속도감이 탄력적이다. 말의 빠르기 조절로 스피치 탄력을 조성한다. 그리고 장경동 목사의 이야기는 항상 청중에게 질문을 던진다, 목사는 대부분 일방적인 설명 방식으로 스피치를 하는 것이 특징인데 그는 질문으로 청중에게 새로운 관점과 생각을 할 수 있게 돕는다.

장경동 목사의 트레이드마크는 탈종교적인 열린 태도다. 석가탄신일에 절에 가서 축하를 해준다는 그의 스토리는 청중에게 권위적 성직자의 느낌을 주지 않는다. 대중가요를 부르고 거친 언어를 사용하며 망가지는 모습도 보이고 열린 태도의 스피치를 보여 많은 이에게 사랑받고 있다.

　장경동 목사만의 개그와 능청스러운 표정과 몸짓 그리고 노래 부르기로 스피치의 기법을 적재적소에 다양하게 선보인다. 장경동 목사의 스피치를 통해 능수능란하고 적재적소 절묘하게 결합해내는 스피치의 능력을 배워야 한다.

인생을 바꾸는 스피치의 힘!

인생을 살아가면서 제일 중요한 것이 무엇이냐 물어본다면 나는 '스피치'라고 대답할 것이다. 우리는 성공을 위해 끝없이 자신과 싸우고 세상과 싸운다.

이 책은 성공을 위해 앞다퉈 치열하게 싸우는 당신을 위해 쓰여졌다. 몸값을 올려 인생을 바꿀 수 있도록 스피치 기술을 최선을 다해 담았다. 이 책을 쓰기 위해 나는 스피치 강사 생활을 하며 기록했던 것을 모두 꺼내봤다. 오로지 당신이 스피치로 변화되는 성공적인 삶을 살길 바라는 마음으로 고민하고 정리하며 만든 책이다.

먼저 스피치는 내 인생을 변화시켰다. 무언가 제대로 하고 싶은데 제대로 하지 못하는 나에게 새로운 삶을 선물했다. 무작정 레이저포인터를 들고 예쁜 정장을 입고 사람들 앞에 당당하게 나서 지식과 지혜를 전달하는, 꿈꾸던 직업을 이루게 해주었다. 거기에 그치지 않고 나는 많은 이들에게 자심감을 회복하고 자존감을 일으키는 멘토의 역할까지 하고 있다.

세상을 헤쳐나가기에 지친 사람, 자존감이 낮은 사람, 소극성의 대물림 등 스피치의 원인을 함께 풀어나가는 스피치 솔루션을 통해 나도 성장했다. 그렇게 사람들에게 스피치로 인생의 터닝포인트를 만들었다.

강사로 살아가면서 그들만 성장시킨 것이 아니다. 내면에 숨어 있던 어린 나도 함께 성장시킬 수 있었다. 그렇게 스피치는 나에게 인생을 살아갈 힘을 주었고 인생을 바꿔줬다. 평범했던 내가 스피치로 이렇게 변화했다. 나는 이 책의 스피치 기술들이 당신의 인생을 변화시킬 것이라 확신한다.

열심히 스피치 기술을 연마한 사람에게는 반드시 말로 인한 인생의 기회가 올 것이다. 나에게 컨설팅을 요청하는 사람들은 아주 다양한 직종의 사람들이다. 말이라는 기술은 분명 모든 직종에 득이 되기 때문이다.

스피치는 이제 더 이상 전문직에 필요한 것이 아니다. 회사에서 보고부터 시작하여 처음 만난 사람과의 첫인사, 자기소개, 회식 자리의 건배사 등에 피할 수 없는 것이 스피치 타임이다. 스피치로 능력을 평가받는 이 시대 스피치의 핵심적인 기술을 담았다. 실천할 수 있는 훈련 방법도 담았다.

당신이 줄을 긋고 동그라미를 치며 이 책을 읽고 꼭 변화했으면 좋겠다. 성공적으로 몸값 올리기에 힘썼으면 좋겠다. 늘 당신 곁에 머무는 스피치 강사 역할을 하는 책이었으면 좋겠다. 그리고 당신은 이 책에서 인생을 바꾸는 놀라운 스피치의 힘을 발견하고 그 힘이 당신에게 꼭 전달되면 좋겠다. 이 책으로 당신이 스피치 기초를 쌓고 어렵지 않은 기본적인 트레이닝으로 발전하고 인생을 완성할 수 있도록 당신이 잘 따라와줬으면 좋겠다. 스피치를 충분히 혼자 이 책 한 권으로 끝낼 수 있도록 만들었으니 당신은 스피치를 통해 엄청나게 변화할 것이다.

이 책을 써내려가면서 어느 때보다 집중했다. 카페 모퉁이에 앉아, 학생을 만나고 면접 컨설팅을 시작으로 쌓아온 스피치 교육을 꺼내어 정리하고 지난 강사의 삶을 꺼낼 수 있어서 너무나 행복했다. 진정 가치 있는 일을 하는 것 같다. 센터에 국한되지 않고 스피치로 힘든 전국의 모든 이

들을 만나고 책을 통해 스피치 솔루션을 시작한다고 생각하니 가슴이 쿵 쾅거린다.

집필하는 동안 힘들지 않았다고 하면 거짓말이다. 스피치로 힘들어하고 있는 당신에게 한 줄기의 빛처럼 도움이 되고 싶다는 마음 하나로 힘든 집필을 마쳤다. 집필 기간을 마치고 나니 모든 스피치 강사의 위대함이 느껴졌다. 특히 우리 트윙클 스피치 강사진, 사람을 세운다는 사명감 하나로 스피치 교육에 힘쓰고 있는 서지혜 부원장님과 많은 사람들에게 넓은 세상을 전하고 있는 인우 쌤, 육아에 집중해야 하는 시기에 SNS에 스피치 교육의 중요성을 알리고 있는 우리 쌤에게 정말 위대하다고 전해 주고 싶다.

이제 이 책으로 더욱더 탄탄한 스피치 프로그램을 만들 것이다. 당신의 인생을 바꾸는 스피치의 힘에 박차를 가해주고 싶기 때문이다.

당신의 인생 스피치 책으로 스피치로 힘들 때 목차를 더듬으며 다시 읽어보는 책으로 오랫동안 당신 곁에 있었으면 좋겠다.